高等职业教育理实一体化系列教材·新能源汽车技术

新能源汽车电力电子技术

主　编　郭医军　于红花
副主编　王丽丽　胡海青　刘　钢

北京理工大学出版社
BEIJING INSTITUTE OF TECHNOLOGY PRESS

内 容 简 介

近年来，新能源汽车得到了不断的推广和应用，电力电子技术的应用为新能源汽车的发展提供了广阔的发展空间。先进的电力电子器件应用和控制技术的不断完善，有利于提高新能源汽车的科技含量，是未来新能源汽车发展的主要方向。本书内容涵盖了电力电子技术的发展过程、电力电子器件的结构、工作原理、特点，详细讲述了IGBT在新能源汽车上的作用及重要性；以电力变换的四种方式为核心，具体介绍各种电力变换的工作原理、变换电路、及特点；以电力电子技术在新能源汽车中的应用为切入点，在新能源汽车的四大电机驱动系统、车载充电机系统、充电接口系统等三个方面介绍具体应用。内容深入浅出，通俗易懂，使读者在轻松愉悦的环境下迅速地掌握电力电子技术在新能源汽车中的应用。

本书可作为高等院校新能源汽车技术专业、新能源汽车运用与维修专业的教学用书，也可以作为从事新能源汽车制造与维修技术人员的培训教材，以及新能源汽车专业师资培新教材。

版权专有　侵权必究

图书在版编目（CIP）数据

新能源汽车电力电子技术/郭医军，于红花主编. —北京：北京理工大学出版社，2021.1（2021.4 重印）

ISBN 978 – 7 – 5682 – 9425 – 6

Ⅰ.①新…　Ⅱ.①郭…②于…　Ⅲ.①新能源 – 汽车 – 电力电子技术　Ⅳ.①U469.7

中国版本图书馆 CIP 数据核字（2021）第 001729 号

出版发行 / 北京理工大学出版社有限责任公司

社　　址 / 北京市海淀区中关村南大街 5 号

邮　　编 / 100081

电　　话 / （010）68914775（总编室）

　　　　　（010）82562903（教材售后服务热线）

　　　　　（010）68948351（其他图书服务热线）

网　　址 / http://www.bitpress.com.cn

经　　销 / 全国各地新华书店

印　　刷 / 河北鸿祥信彩印刷有限公司

开　　本 / 787 毫米 × 1092 毫米　1/16

印　　张 / 11.5　　　　　　　　　　　　　　　　　责任编辑 / 高雪梅

字　　数 / 270 千字　　　　　　　　　　　　　　　文案编辑 / 高雪梅

版　　次 / 2021 年 1 月第 1 版　2021 年 4 月第 2 次印刷　责任校对 / 周瑞红

定　　价 / 35.00 元　　　　　　　　　　　　　　　责任印制 / 李志强

图书出现印装质量问题，请拨打售后服务热线，本社负责调换

前 言
PREFACE

电力电子技术是一种使用电力电子器件，如晶闸管、GTO、IGBT 等，对电能进行变换和控制的应用在电力领域的新兴技术。随着科学的进步，电力电子技术也在不断完善和发展。作为一门新兴并具有较广覆盖面的学科，电力电子技术在应用领域已由传统的电力、交通、工业等领域拓展到通信、新能源汽车节能等行业，在新背景发展趋势之下，已经成为至关重要的一门技术学科，在我国经济发展中占有重要地位。

高度发展的汽车工业和持续大量燃油汽车的应用，在全球已经引发了严重的环境和碳氢资源问题。日益严格的排放和燃料效率标准促进了安全、清洁和高效车辆的迅猛发展。当今，人们公认电动汽车、混合动力电动汽车和由燃料电池供电的各类驱动系的技术应用科学是最有指望在可预见的未来解决车辆问题的办法。为了满足人们对新能源汽车的动力性、操作稳定性、安全性、舒适性、燃油经济性、对环境的友好性等各方面不断提高的要求，各种电子装置不断地被应用于新能源汽车，使现代汽车成了一个广泛的电气系统。随着科学技术的不断发展，电力电子技术对汽车领域的发展起到了越来越重要的作用，大功率电力电子技术和电动机材料技术的发展促进了新能源汽车技术的发展进程。

纯电动汽车、混合动力电动汽车和燃料电池电动汽车等新能源汽车的电机驱动、能量转换与控制、车辆和公用电网之间的接口技术、车辆与车辆之间的能量传递，与电力电子技术密切相关。电力电子技术使汽车设备建造实现了高效率、响应性好、小型轻量操控、软控制灵活等多种目标。

新能源汽车的推广和应用将给电力电子带来广阔的应用前景。伴随着新能源汽车的不断发展，对新能源汽车专业的技能人才在电力电子技术方面提出了更高的要求。因此作为承担为社会培养应用型技术专业人才的职业院校，应积极研究和探索新能源汽车技术并完成相关专业的建设，以满足未来对社会对人才的需求。本书以电力电子技术和电力变换在新能源汽车中的应用为主题，内容涵盖电力电子器件的特点，能量转换与控制电路原理，充电桩，充电接口技术，电机驱动及车载充电机的典型应用。本书语言通俗易懂，适合新能源汽车类专业学生或相关技术人员阅读。

本书共八章，第一章是绪论，重点介绍了电力电子技术概述、电力电子技术的发展史、电力电子器件的系统组成、电力电子技术的特点等主要内容，以及电力电子技术在新能源汽车上的应用，使读者对电力电子技术与电机驱动有一个全面认识。第二章是电力电子器件，重点介绍了目前大量使用的晶闸管、绝缘栅双极晶体管IGBT等电力电子器件的组成及工作原理等内容，详细讲述了IGBT在新能源汽车上的重要作用及当前汽车级IGBT的发展趋势。第三至六章主要是四种能量转换与控制变流电路同时穿插讲解交直流充电桩及新能源汽车的DC–DC功率变换器。从电源的相数和所带负载的性质两个方面展开分析，分别介绍了基本变流电路的工作原理、工作波形。在AC–DC变换部分主要介绍了各种相控整流电路，在DC–AC变化部分、DC–DC变换部分介绍的是各种PWM控制电路，在AC–AC变换部分既有相控又有PWM控制电路。第七章重点介绍了变流器在新能源汽车电机驱动系统中的应用，以及各驱动系统的组成和特点。第八章介绍了车载充电机的充放电技术、充电机的性能特征以及充电机的电路结构，详细讲解了车载充电机的电路组成。

本书由烟台汽车工程职业学院郭医军、于红花担任主编，烟台汽车工程职业学院王丽丽、胡海青，潍坊职业学院刘钢担任副主编，在此对参与编写人员的辛勤工作表示感谢。

本书引用了大量的网上参考资料和其他同类著作的部分材料，对书中所引参考文献的作者，以及由于疏漏而没有列入参考文献的作者致以衷心的感谢！本书二维码所涉及的视频及PDF资料来源于微信公众号，在此表示感谢，请读者尊重原创，勿将资料用于他处。

由于编者学识有限，书中不妥或错误之处在所难免，恳请读者提出宝贵建议，以便修订时予以纠正。

编　者

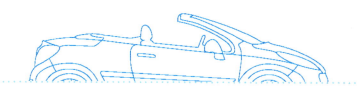

目录
CONTENTS

第一章 绪论 1
 一、电力电子技术概述 1
 二、电力电子技术的发展史 1
 三、电力电子技术的主要内容 2
 四、电力电子器件的系统组成 4
 五、电力电子技术的特点 6
 六、电力电子技术在新能源汽车上的应用 7

第二章 电力电子器件 9
 第一节 电力二极管 9
  一、电力二极管的工作原理和特性 9
  二、电力二极管的主要类型 10
 第二节 晶闸管 10
  一、晶闸管的外形 10
  二、晶闸管的符号 11
  三、晶闸管的结构、原理及参数 11
 第三节 电力晶体管 15
 第四节 门极可关断晶闸管 16
  一、间接驱动 17
  二、直接驱动 17
 第五节 功率场效应晶体管 19
 第六节 绝缘栅双极型晶体管 22
  一、IGBT 的特征 22
  二、IGBT 的工作原理 23
  三、IGBT 在新能源汽车上的作用及重要性 25

四、汽车级大功率 IGBT 的发展趋势 …………………………………… 26

第三章　AC-DC 变换电路 ………………………………………… 29

第一节　AC-DC 变换电路简介 ………………………………………… 29
第二节　单相可控整流电路 …………………………………………… 30
一、单相半波可控整流电路 …………………………………… 30
二、单相桥式全控整流电路 …………………………………… 36
三、单相桥式半控整流电路 …………………………………… 42
第三节　三相可控整流电路 …………………………………………… 45
一、三相半波可控整流电路 …………………………………… 45
二、三相桥式全控整流电路 …………………………………… 50
第四节　电动汽车充电桩 ……………………………………………… 58
一、充电桩的分类及区别 ……………………………………… 58
二、直流充电桩的工作原理 …………………………………… 60
三、交流充电桩的工作原理 …………………………………… 62

第四章　DC-AC 变换电路 ………………………………………… 67

第一节　DC-AC 变换电路概述 ………………………………………… 67
第二节　逆变电路基础 ………………………………………………… 68
一、逆变电路的基本工作原理 ………………………………… 68
二、逆变电路的换流方式 ……………………………………… 69
三、电压型逆变与电流型逆变 ………………………………… 70
第三节　方波逆变电路 ………………………………………………… 71
一、单相半桥方波逆变电路 …………………………………… 71
二、单相全桥方波逆变电路 …………………………………… 73
三、三相全桥方波逆变电路 …………………………………… 75
第四节　PWM 逆变电路 ……………………………………………… 77
一、PWM 控制的基本原理 …………………………………… 77
二、PWM 逆变电路及控制方法 ……………………………… 79
三、PWM 跟踪控制技术 ……………………………………… 83
第五节　多电平逆变电路 ……………………………………………… 85
第六节　软开关技术 …………………………………………………… 87
一、软开关的原理 ……………………………………………… 87
二、软开关的分类 ……………………………………………… 88

第五章　DC-DC 变换电路 ………………………………………… 92

第一节　DC-DC 变换电路概述 ………………………………………… 92

第二节 基本斩波电路 …………………………………………………… 94
　　一、降压斩波电路 ……………………………………………………… 94
　　二、升压斩波电路 ……………………………………………………… 97
　　三、其他几种斩波电路 ………………………………………………… 99
第三节 复合斩波电路和多重斩波电路 ………………………………… 101
　　一、电流可逆斩波电路 ………………………………………………… 101
　　二、桥式可逆斩波电路 ………………………………………………… 102
　　三、多重斩波电路 ……………………………………………………… 103
第四节 间接 DC – DC 变换电路 ………………………………………… 103
　　一、单端电路 …………………………………………………………… 104
　　二、双端电路 …………………………………………………………… 106
第五节 DC – DC 变换器在新能源汽车上的应用 ……………………… 109
　　一、双向 DC – DC 变换器 ……………………………………………… 109
　　二、双向 DC – DC 变换器的拓扑结构 ………………………………… 110
　　三、双向 DC – DC 变换器的工作原理 ………………………………… 111

第六章　AC – AC 变换电路 …………………………………………… 116

第一节 AC – AC 变换电路概述 ………………………………………… 116
第二节 相控交流调压电路 ……………………………………………… 117
　　一、单相交流调压电路 ………………………………………………… 117
　　二、三相交流调压电路 ………………………………………………… 122
第三节 斩控式交流调压电路 …………………………………………… 124
　　一、斩控式交流调压的基本原理 ……………………………………… 124
　　二、交流开关的结构形式 ……………………………………………… 125
　　三、交流斩波调压的控制 ……………………………………………… 126
第四节 变频电路 ………………………………………………………… 128
　　一、间接变频电路 ……………………………………………………… 128
　　二、直接变频电路 ……………………………………………………… 128

第七章　变流器与电机驱动系统 ……………………………………… 140

第一节 新能源汽车电机驱动系统概述 ………………………………… 140
　　一、新能源汽车电机驱动系统的种类及特点 ………………………… 140
　　二、新能源汽车对驱动电机的性能要求 ……………………………… 142
　　三、新能源汽车驱动电机的分类 ……………………………………… 142
第二节 直流电机驱动系统 ……………………………………………… 143
　　一、直流电机驱动系统结构 …………………………………………… 143

二、直流电机的结构……144
第三节　DC-DC变换器在直流电机驱动系统中的应用……145
第四节　交流电机驱动系统……147
一、感应电机驱动系统的结构……147
二、感应电机用逆变器……148
三、软开关逆变器……149
第五节　永磁同步电机驱动系统……149
一、永磁同步电机驱动系统的结构……149
二、永磁同步电机用逆变器……150
第六节　开关磁阻电机驱动系统……151
一、开关磁阻电机驱动系统的结构……152
二、开关磁阻功率变换器拓扑……152
三、软开关磁阻功率变换器拓扑……155

第八章　变流器与车载充电机……159

第一节　电动汽车充放电技术介绍……159
第二节　车载充电机总体结构……160
第三节　车载充电机的性能特征……160
一、电动汽车的充电级别……160
二、充电机的充电形式……161
三、电动汽车的充电特征……161
第四节　车载充电机电路……162
一、功率因数校正技术 PFC……162
二、PFC 技术的发展方向……166
第五节　PFC 拓扑与电路工作模式……167
一、Boost PFC 电路……167
二、交错并联型 PFC……167
三、PFC 电路的工作模式……168
四、PFC 电路的控制方法……168
第六节　后级 DC-DC 结构……173
一、基于移相全桥 DC-DC 变换器的车载充电拓扑……173
二、基于谐振 DC-DC 变换器的车载充电拓扑……173
三、其他 DC-DC 电路……174

参考文献……176

第一章

绪 论

一、电力电子技术概述

美国电气工程师协会〔American Institute of Electrical Engineers，AIEE，1884 年成立的电力电子学会（Power Electronics Society，PELS）〕对电力电子技术的描述为：电力电子技术是有效地使用电力半导体器件、应用电路和设计理论及分析开发工具，实现对电能的有效变换和控制的技术。其包括电压、电流、频率和波形等方面的变换。

我国目前通用的电力电子技术定义为：电力电子技术是应用于电力领域的电子技术，是使用电力电子器件对电能进行变换和控制的技术。

通常，电力电子技术分为电力电子器件制造技术和变流技术两个分支。其中，变流技术也称为电力电子器件的应用技术，包括用电力电子器件构成各种电力变换电路和对这些电路进行控制的技术，以及由这些电路构成电力电子装置和电力电子系统的技术。

二、电力电子技术的发展史

电力电子器件的发展对电力电子技术的发展起着决定性作用。20 世纪 50 年代开始，在应用需求的推动下，电力电子技术沿着"整流器→逆变器→变频器"的轨迹成功地发展起来。

（一）整流器时代

1904 年出现了电子管（Vacuum Tube），其能在真空中对电子流进行控制，并应用于通信和无线电中，从而开创了电子技术的先河。20 世纪 20 年代末出现了汞整流器（Mercury Rectifire），其性能与后来的晶闸管很相似。20 世纪 30 年代到 50 年代是汞整流器发展迅速并大量应用的时期。汞整流器广泛应用于电解（铜、铝、镍等有色金属和氯碱等化工原料都离不开大功率直流电解）、牵引（电力机车、电传动的内燃机车、城市无轨电车等）和直流传动（轧钢、造纸、铝材轧制等）三大领域，甚至应用于直流输电。但是，汞整流器所用的汞对人体有害，另外，汞整流器的电压降落很高。1947 年美国贝尔实验室发明了晶体管，引发了电子技术的一场革命。1957 年美国通用电气公司研制出第一个晶体管，标志着电力电子技术的诞生。当时，其能够高效率地将工频交流电转换为直流电，由于其优越的电气性能和控制性能，很快就将汞整流器和庞大的电动机——直流发电机组，即旋转变流机组逐出了历史舞台。20 世纪 60 年代至 70 年代，应用大功率硅整流管和晶闸管的整流装置得到了广泛应用。1960年我国研究成功硅整流管（Silicon Rectifying Tube/Rectifer Diode），1962年我国研究成功晶闸管。

（二）逆变器时代

由于晶闸管只能控制导通，不能控制关断，其应用受到限制。20世纪70年代后期出现了集成度高、工作频率高、功能强的全控型电力电子器件，如大功率晶体管（GTR）、门极可关断晶闸管（GTO）、功率场效应晶体管（功率MOSFET）及静电感应晶体管（SITH）等，俗称第二代电力电子器件。当时正处于世界范围内的"能源危机"，由于交流电动机变频调速具有显著节能效果，使能胜任这种情况的大功率逆变电源的全控功率器件得到了大力发展和应用。其中，关键技术在于"交—直—交"变换中的"直—交"变换，即将直流电逆变为0～100Hz的交流电。类似的应用还有高压直流输电（HVDC）和静止式无功功率动态补偿等。这时的电力电子技术，已经既可完成整流，又可实现逆变。但是，其工作领域还是局限于较低的频率。

（三）变频器时代

20世纪80年代，大规模、超大规模集成电路（VLSI）得到突飞猛进的发展，这对功率半导体器件提供了很好的借鉴，即将其成熟的微细加工技术和高电压大电流设计制造方法有机地结合起来，促使20世纪80年代后期至90年代初期生产出以绝缘栅双极型晶体管（IGBT）和功率场效应晶体管为代表的功率场效应晶体管家族器件。这一代器件的发展不仅为交流电机调速提供了广泛的应用，还使其性能更加完善可靠，开辟了电子技术向高频化进军的道路。用电设备的高频化和高频设备的固态化，带来了高效、节能、节材，并为实现小型轻量化、机电一体化和智能化提供了重要的技术基础。

随着全控型器件工作频率的提高和应用的拓展，人们针对不同电力电子装置应用开发了各种二极管：在高频应用中的肖特基二极管和场效应二极管（按同步整流方式工作）加入了续流二极管行列，专门用于钳位的二极管（超快恢复）和用于高频隔离的BOOST二极管等，均已进入市场。

当前，作为节能、自动化、智能化、机电一体化的基础，电力电子技术正在实现硬件结构的模块化、控制系统的数字化和产品性能的绿色化，使新一代的电力电子技术产品更加可靠、经济、实用，性能大大提高。

三、电力电子技术的主要内容

通常电力可以分为交流和直流两种。从公用电网直接得到的电力是交流电，从蓄电池和干电池得到的电力是直流电。从这些电源得到的电力往往不能直接满足要求，需要进行电力变换。电力变换通常可分为以下四大类。

（一）交流变直流（AC – DC）

交流变为直流的变换称为正变换或者整流，完成这种变换的装置称为整流器。在图1-1

中，电源 u_i 为正弦波电压，在与此电压波形保持固定相位关系（同步）的条件下，S_1、S_4 和 S_3、S_2 交互导通和关断，负载两端得到图示的波形。

若改变开关的相位角 α，该电路即可变成能对输出电压平均值进行连续调整的相位控制整流电路，晶闸管是适用于这种工作方式的器件。当四个开关全部替换为二极管后，晶闸管变成 $\alpha = 0$ 的自动开关，就变成了通常的二极管整流电路。

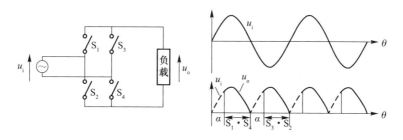

图 1-1 交流变直流

（二）直流变交流（DC - AC）

从直流到交流的变换称为逆变换，完成这种变换的装置称为逆变器。在图 1-2 中，随着开关 S_1、S_4 和 S_2、S_3 交互导通和关断，负载两端的电压变为方波，固定的直流电压就变换为交流电压，如果改变导通和关断的周期，就可以自由地改变输出频率。为了改变输出电压的大小及减少输出波形的失真，进而又在输出的半周期内进行反复开关动作的方式称为脉宽调制（Pulse Width Modulation，PWM）逆变器。

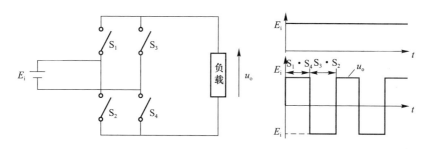

图 1-2 直流变交流

（三）直流变直流（DC - DC）

图 1-3 所示为直流变换直流原理示意。随着开关 S 导通和关断，负载两端电压 u_o 变成了幅值为 E_i 的脉冲序列。如果开关周期 T 一定，通过改变开关 S 导通时间和关断时间的比例（占空比或导通率），就可以改变 u_o 的平均值 U_o 的大小。这就是说，通过改变开关 S 的通断间隔，可以由某一固定的直流电压得到相应的可变稳定直流电压。

将直流电压变为高频的交流电压，再通过变压器的隔离、变压，此后再经过整流而得到的直流电压输出的间接变换方式，称为开关调节器或者 DC - DC 变换器，电子电路的电源多采用这种方式。没有经过交流而直接得到其他直流电压的直接方式称为斩波电路，电力机车和电动汽车的直流电机控制中多采用这种方式。

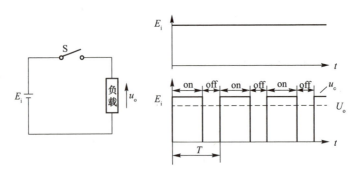

图 1-3　直流变直流

（四）交流变交流（AC – AC）

交流变换包括控制从交流电源向负载输送交流电压的交流调压电路和可以同时改变电压与频率的周波变换器。图 1-4 所示为交流调压原理示意。通过调整开关的相位角，可以对输出电压进行连续的调整。交流调压电路多使用被称为三端双向可控硅开关的双向器件。

周波变换器是一种将电源电压波形（正弦波）的一部分截下来，然后再将它们连接在一起，从而直接得到比电源频率低的交流电压的变换方式。根据其工作原理，用在超低频率的大容量可变频电源上。

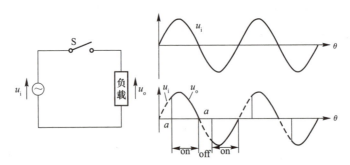

图 1-4　交流变交流

四、电力电子器件的系统组成

在实际应用中，电力电子器件一般是由控制电路、驱动电路和以电力电子器件为核心的主电路组成一个系统。由信息电子电路组成的控制电路按照系统的工作要求形成控制信号，通过驱动电路去控制主电路中电力电子器件的导通或者关断来完成整个系统的功能。因此，从宏观角度讲，电力电子电路也被称为电力电子系统。

图 1-5 中粗线所表示的部分是"功率"部分，称为主电路。在这里，电源的电能通过半导体功率变换电路变为负载所需的形态，提供给负载。半导体功率变换电路有多种，其变换方式与图 1-1 至图 1-4 相对应。

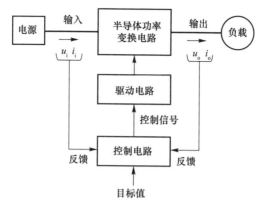

图 1-5 电力电子系统组成

主电路是实现电力变换的主体,主要由电力电子器件按照一定的要求组成一定的拓扑结构,通过各个电力电子器件顺序的导通和关断,实现对电力的变换。

控制电路由信息电子电路组成,按照系统的工作要求形成控制信号。控制信号的产生依赖特定的控制策略和控制算法,发展最早、最基本的是相控方式,即采用延时脉冲控制功率器件导通的相位。相控方式在半控型器件的整流、逆变、交流调压等电路中获得了广泛的应用。在全控型器件的电力电子电路中,大量采用脉冲宽度调制技术,以有效地控制和消除谐波,提高装置的功率因数。PWM 控制技术被广泛应用到整流、逆变、斩波、交—交变换等电路,成为电力变换电路中的核心控制技术。

驱动电路是主电路和控制电路之间的接口,其将控制电路产生的信号按照其控制目标的要求,转换为可使用电力电子器件导通或关断的信号,并提供控制电路与主电路之间的电气隔离,通过光、磁等来传递信号。在有些系统中,需要检测主电路或应用现场的信号,再根据这些信号及系统的工作要求来形成控制信号,这就需要有检测电路。为保证电力电子系统的正常可靠运行,通常在主电路和控制电路中附加一些保护电路。

新能源汽车电力电子器件直接用于处理电能的主电路,同处理信息的电子器件相比,它一般具有以下特征:

(1)电力电子器件所处理的电功率大小,也就是承受电压和电流的能力,是其最重要的参数。其处理电功率的能力小至毫瓦级,大至兆瓦级,都远大于处理信息的电子器件。

(2)因为处理的电功率大,所以为了减小本身的损耗,提高功率,电力电子器件一般都工作在开关状态。导通时阻抗很小,接近短路,管压降接近零,而电流由外电路决定;阻断时阻抗很大,接近断路,电流几乎为零,而管子两端电压由外电路决定。

(3)在实际应用中,电力电子器件往往需要有信息电子电路来控制。由于电力电子器件所处理的电功率较大,因此,普通的信息电子电路信号一般不能直接控制电力电子器件的导通或关断,需要一定的中间电路对这些信号进行适当的放大,这就是所谓的电力电子器件的驱动电路。

(4)尽管工作在开关状态,但是电力电子器件自身的功率损耗通常仍远大于信息电子器件，因而，为了保证不至于因损耗散发的热量导致器件温度过高而损坏，不仅在器件封装上比较讲究散热设计，而且在其工作时一般都需要安装散热器。

五、电力电子技术的特点

电力电子电路同其他的电子电路相比并没有多少显著的不同，其特点可归纳为以下几点。

（一）使用开关动作

使用开关动作的目的是对大功率电能进行高效转换。开关的导通、关断同数字电路的"1""0"相对应，两者存在相同的地方，但是处理的对象不同。

（二）伴随换流动作

电流从某一器件切换到其他器件的现象称为换流（Commutation）。图1-6（a）所示为用开关电路来表示的示意图，通过开关动作，电流从一侧支路转移到另一侧支路。具体的换流方式如图1-6（b）、（c）所示，图1-6（b）所示为交流电源电路中使用晶闸管的实例，如果$u_2>u_1$，通过向Th2施加门控脉冲信号时Th2导通，Th1便承受反向电压，Th1关断，电流便转而只流过Th2。这种一侧器件因电源电压的作用而自然关断，使电流转换到另一侧器件的动作称为电网换流（Line Commutation）或者自然换流（Natural Commutation）。

另一方面，器件本身在具有关断能力的情况下，可以通过控制信号使一侧器件关断，向其他器件进行换流。在图1-6（c）中，设负载电流i是按图示方向连续流通的，那么，即使在Tr1被关断的同时Tr2施加控制信号，Tr2也不能导通，而是向同其反并联的二极管换流，这样的换流称为器件换流（Device Commutation）或者强制换流（Forced Commutation）。

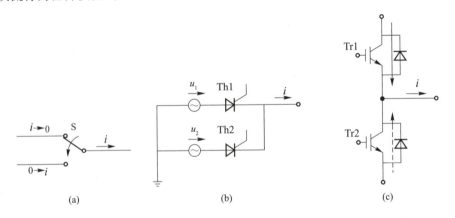

图1-6 开关电路换流

（a）换流；（b）电源换流；（c）器件换流

（三）由主电路和控制电路来构成，两者间的接口技术同样重要

向主电路的开关器件提供控制电路产生门极信号的接口电路，称为驱动电路（Device Circuit）。该电路有两个功能：一是将门极信号放大至开关器件驱动所需的电压等级；二是

将控制电路同主电路在电气上绝缘（Isolation）。特别是第二种，主电路为高电压大电流，多数情况下，控制电路同开关器件的电位是不同的，不能同门极脉冲直接相连，因此必须通过接口电路相连。

（四）电力、电子、控制、测量等的复合技术

如前所述，在制作功率变换器装置（如制作电源装置）本身就需要各种各样的技术和知识，而如果再将电力电子技术加以扩展，认为是电能控制系统，所需知识范围就会更加宽广。例如，要设计太阳能发电系统或电机变速驱动系统，就还必须具备关于连接在电力变换器上的电源（即太阳能电池）及负载（电机）等的相关知识。

（五）会产生谐波电流和电磁噪声

当由开关动作对大功率电能进行变换时，电源端和负载将流过谐波电流，并且向周围放射电磁噪声，这就会对连接在电源上的其他设备产生不利影响，对周围的通信设备等造成电磁干扰（Electromagnetic Interference，EMI）。这些问题原本就可以由电力电子技术来解决，因而，需要经常处理畸变波形也是电力电子的特点。

六、电力电子技术在新能源汽车上的应用

电力电子技术作为现代汽车的核心控制技术之一，对新能源汽车的发展起着不可替代的作用。目前，电力电子技术在新能源汽车上的应用与传统汽车相比，主要增加了电力驱动系统上的应用，包括电动机调速系统、功率变换器、车载充电机等。

（一）电动机调速系统

电动机是电动汽车发动机的主要部件。功率变换器作为电力电子技术之一，在电动汽车电机调速系统中，主要有用于直流电动机的斩波器和交流电动机的逆变器两种形式。

（1）对于直流电动机调速系统，一般采用斩波器，其系统比较简单，斩波器的频率可以做到几千赫兹，因而很适合用作直流牵引调速。电动汽车采用直流电机驱动，无论是串励电机还是他励电机，都采用斩波器作为功率变换器。斩波器的功率电力电子器件多采用MOSFET和IGBT。

（2）对于交流电动机调速系统，在DC-AC变换方式中，一般采用直流斩波器加逆变器和PWM逆变器两种方式。由于电动汽车的电源（蓄电池）电压低，采用前种方式，传输能量环节过多，会降低整个系统的效率。而采用PWM电压型逆变器，则线路简单、环节少、效率高。

（二）功率转换器

电动汽车能量转换器的主要部件是功率器件。目前常用的功率器件有GTO、BJT、MOSFET、IGBT、SIT、SITH、MCT。其中GTO、MCT具有高开关速度、高能量传输能力、优越的动态特性及高可靠性，很适合电动汽车驱动，同时，功率器件能影响到能量转换器的结构。直流-直流及直流-交流转换器各自应用于直流电动机和交流电动机。除通常的脉宽调制

（PWM）转换器外，还有一种电池回收转换器叫作共振直流耦合转换器，它可提供零压开关或零电流开关，具有零开关损耗、低散热需要、无须缓冲器工作、高能量密度、很少严重的电磁干扰问题、噪声小及高可靠性的优点。

（三）车载充电机

充电器的功能就是将交流电变为直流电，这就需要用到电力电子技术，使用功率器件。电动汽车的充电器要求能够恒流恒压二段式充电，高效、轻量，有自检及自动充电等多种保护功能，并且能程控设定充电时间曲线、监视电池温度，对电网无污染等。这些要求都需要电力电子技术来解决，更突出了电力电子技术在充电器上的应用。

3.3 kW 车载充电机

总之，汽车中不断增加的电器部件既强调了对电力电子技术的需要，也反映了这些部件的引进给汽车性能带来的改善，它们被用于增加电功率发生部位的功率输出能力和效率，也为提高汽车性能、安全和功能等提供可能。电力电子技术在未来汽车技术的发展中必将继续起着重要的作用。

本章介绍了电力电子技术的概念，电力电子技术发展的三个时代划分及特征。对电力变换的四个方面做了简要介绍，较详细地介绍了电力电子器件的系统组成及电力电子技术的特点，电力电子电路的特点是研究、分析电力变化电路的主要依据。重点介绍了电力电子技术在新能源汽车上的应用。

1. 什么是电力电子技术？
2. 简述电力电子技术发展的三个时代。
3. 电力变换通常可分为哪几大类？
4. 简述电力电子技术的特点。
5. 简述电力电子技术在新能源汽车上的应用。

第二章
电力电子器件

电力电子器件是电力电子技术应用发展的基础。电力电子设备的工作状况是通过控制电力电子器件的开关状态来实现的。为正确理解和掌握各种变流电路的工作原理,必须掌握各种常用电力电子器件的工作原理、基本特性、主要参数及正确使用方法。

实际上,电力电子器件的种类很多,并且各有特点。按器件的开关控制特性,其可分为以下三类:

(1) 不可控器件。本身没有导通、关断控制功能,需要根据外电路条件决定其导通、关断状态的器件称为不可控器件。电力二极管就属于此类器件。

(2) 半控型器件。通过控制信号只能控制其导通,不能控制其关断的电力电子器件称为半控型器件,如晶闸管及其大部分派生器件等。

(3) 全控型器件。通过控制信号,既可以控制其导通,又可以控制其关断的器件称为全控型器件,如门极可关断晶闸管(GTO)、功率场效应晶体管(MOSFET)、绝缘栅双极型晶体管(IGBT)等。

第一节 电力二极管

一、电力二极管的工作原理和特性

电力二极管的基本结构和工作原理与信息电子电路中的二极管相同,都是以半导体 PN 结为基础的。它实际上是由一个面积较大的 PN 结和两端引线封装组成的。电力二极管的外形、结构及电气符号如图 2-1 所示。从外形看,电力二极管主要有螺栓型和平板型两种封装形式。

电力二极管和电子电路中的二极管工作原理相同。若二极管处于正向电压作用下,PN 结正向导通,此时的正向管压降很小;反之,若二极管处于反向电压作用下,反向偏置的 PN 结表现为高阻态,几乎没有电流流过,此时 PN 结截止,仅有极小的可忽略的漏电流流过二极管。

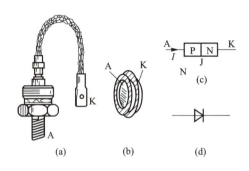

图 2-1 电力二极管的外形、结构及电气符号

二、电力二极管的主要类型

下面按照正向压降、反向耐压、反向漏电流等性能,特别是反向恢复特性的不同,介绍几种主要的电力二极管类型。

1. 普通二极管(General Purpose Diode)

普通二极管又称整流二极管(Rectifier Diode),多用于开关频率不高(1 kHz 以下)的整流电路中,其反向恢复时间较长,正向电流定额和反向电压定额可以达到很高。

2. 快恢复二极管(Fast Recovery Diode,FRD)

快恢复二极管简称快速二极管,从性能上可分为快速恢复和超快速恢复两个等级。前者 t_{rr} 为数百纳秒或更长;后者在 100 ns 以下,甚至达到 20~30 ns。

3. 肖特基二极管

以金属和半导体接触形成的势垒为基础的二极管称为肖特基势垒二极管(Schottky Barrier Diode,SBD),即肖特基二极管。肖特基二极管的优点很多。例如,其反向恢复时间很短(10~40 ns),在正向恢复过程中也不会有明显的电压过冲;当反向耐压较低时,其正向压降明显低于快恢复二极管。另外,肖特基二极管效率高,其开关损耗和正向导通损耗都比快速二极管小。但是肖特基二极管也存在很多不足,例如,当其反向耐压能力提高时,正向压降会提高。

综上所述,肖特基二极管适用于较低输出电压和要求较低正向管压降的换流器电路。

第二节 晶闸管

晶闸管是一种理想的大功率变流电子器件。其能以较小的电流控制上千安的电流和数千伏的电压,主要用于大功率的交流电能和直流电能的相互转换。其是晶闸管变流技术的重要成员,现已发展成为一个大家族,其中以普通晶闸管应用最为广泛。

一、晶闸管的外形

目前,常用的晶闸管有螺栓式和平板式两种封装形式,如图 2-2 所示,均引出阳极 A、阴极 K 和门极（控制极）G 三个极端。对于螺栓型封装，通常螺栓一端是其阳极，能与散热器紧密相连且安装方便；另一侧较粗的一端为阴极，细的为门极。平板型晶闸管可由两个散热器将其夹在中间，散热方式采用风冷或水冷，其两个平面分别是阳极和阴极，引出的细长端子为门极。

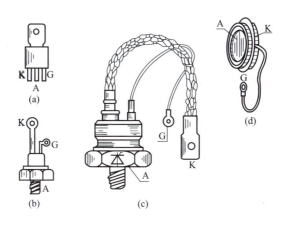

图 2-2　晶体管的外形

(a) 小电流塑封型；(b) 小电流螺栓型；(c) 大电流螺栓型；(d) 平板型

二、晶闸管的符号

晶闸管的内部结构和图形符号如图 2-3 所示。

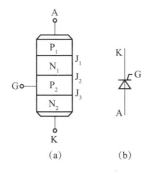

图 2-3　晶闸管的内部结构和图形符号

(a) 内部结构；(b) 图形符号

三、晶闸管的结构、原理及参数

1. 晶闸管的结构

普通晶闸管由四层半导体（P_1、N_1、P_2、N_2）组成，形成三个 PN 结 J_1（P_1N_1）、J_2（N_1P_2）、J_3（P_2N_2）；由最外层 P_1 和 N_2 层引出两个电极，分别为阳极 A 和阴极 K；由中间 P_2 层引出门极（控制极）G，如图 2-3（a）所示。

2. 晶闸管的工作原理

图 2-4 所示为晶闸管的工作原理。阳极电源 E_a 连接负载（白炽灯），并接到晶闸管的阳极 A 与阴极 K，组成晶闸管的主电路。流过晶闸管阳极的电流称为阳极电流 I_a。晶闸管阳极和阴极两端的电压称为阳极电压 U_a。门极电源 E_g 连接晶闸管的门极 G 与阴极 K，组成控制电路，称为触发电路。流过门极的电流称为门极电流 I_g，门极与阴极之间的电压称为门极电压 U_g。通过灯泡亮灭情况来观察晶闸管的通断。该试验分 9 个步骤。

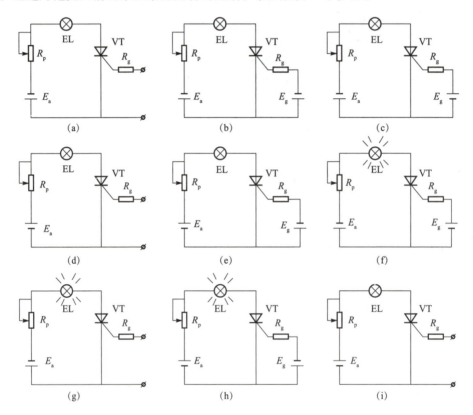

图 2-4　晶闸管导通、关断条件试验电路

第 1 步：按图 2-4（a）所示接线，阳极和阴极之间加反向电压，门极和阴极之间不加电压，指示灯不亮，晶闸管不导通。

第 2 步：按图 2-4（b）所示接线，阳极和阴极之间加反向电压，门极和阴极之间加反向电压，指示灯不亮，晶闸管不导通。

第 3 步：按图 2-4（c）所示接线，阳极和阴极之间加反向电压，门极和阴极之间加正向电压，指示灯不亮，晶闸管不导通。

第 4 步：按图 2-4（d）所示接线，阳极和阴极之间加正向电压，门极和阴极之间不加电压，指示灯不亮，晶闸管不导通。

第 5 步：按图 2-4（e）所示接线，阳极和阴极之间加正向电压，门极和阴极之间加反向电压，指示灯不亮，晶闸管不导通。

第6步：按图2-4（f）所示接线，阳极和阴极之间加正向电压，门极和阴极之间也加正向电压，指示灯亮，晶闸管导通。

第7步：按图2-4（g）所示接线，去掉触发电压，指示灯亮，晶闸管仍导通。

第8步：按图2-4（h）所示接线，门极和阴极之间加反向电压，指示灯亮，晶闸管仍导通。

第9步：按图2-4（i）所示接线，去掉触发电压，将电位器阻值加大，晶闸管阳极电流减小。当电流减小到一定值时，指示灯熄灭，晶闸管关断。

试验说明如下：

（1）当晶闸管承受反向阳极电压时，无论门极是否有正向触发电压或者承受反向电压，晶闸管不导通。这种状态称为反向阻断状态。说明晶闸管像整流二极管一样，具有单向导电性。

（2）当晶闸管承受正向阳极电压时，门极加上反向电压或者不加电压，晶闸管不导通。这种状态称为正向阻断状态。

（3）当晶闸管承受正向阳极电压时，门极加上正向触发电压，晶闸管导通。这种状态称为正向导通状态。

（4）晶闸管一旦导通后，维持阳极电压不变，将触发电压撤除，管子依然处于导通状态，即门极对管子不再具有控制作用。从这个意义上来讲，晶闸管称为半控型器件。

试验现象与结论列于表2-1中。

表2-1 晶闸管导通和关断试验现象与结论

试验顺序		试验前灯的情况	试验时晶闸管条件		试验后灯的情况	结论
			阳极电压 U_a	门极电压 U_g		
导通试验	1	不亮	反向	反向	不亮	晶闸管在反向阳极电压作用下，无论门极为何电压，它都处于关断状态
	2	不亮	反向	零	不亮	
	3	不亮	反向	正向	不亮	
	4	不亮	正向	反向	不亮	晶闸管同时在正向阳极电压与正向门极电压作用下，它才能导通
	5	不亮	正向	零	不亮	
	6	不亮	正向	正向	亮	
关断试验	1	亮	正向	正向	亮	已导通的晶闸管在正向阳极作用下，门极失去控制作用
	2	亮	正向	零	亮	
	3	亮	正向	反向	亮	
	4	亮	正向（逐渐减小到接近零）	任意	灭	晶闸管在导通状态下，当阳极电压减小到接近零时，晶闸管关断

结论：

（1）晶闸管导通条件为阳极加正向电压，门极加适当正向电压。

（2）关断条件为流过晶闸管的电流小于维持电流。可采用的方法有将阳极电源断开，或者在阳极和阴极间加反向电压。

下面通过晶闸管的互补三极管等效电路，进一步说明晶闸管的工作原理。由于采用扩散工艺，具有四层三端结构的普通晶闸管可以等效为由一个 PNP 型和一个 NPN 型晶体管连接而成，连接形式如图 2-5 所示。阳极 A 相当于 PNP 型晶体管 VT1 的发射极，阴极 K 相当于 NPN 型晶体管 VT2 的发射极。

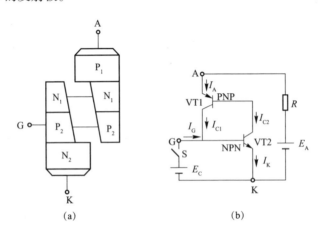

图 2-5　晶闸管工作原理等效电路

当晶闸管阳极承受正向电压，控制极也加正向电压时，晶体管 VT2 处于正向偏置状态，E_C 产生的控制极电流 I_G 就是 VT2 的基极电流 I_{B2}，VT2 的集电极电流 $I_{C2}=\beta_2 I_G$。而 I_{C2} 是晶体管 VT1 的基极电流，VT1 的集电极电流 $I_{C1}=\beta_1 I_{C2}=\beta_1\beta_2 I_G$（$\beta_1$ 和 β_2 分别是 VT1 和 VT2 的电流放大系数）。电流 I_{C1} 流入 VT2 的基极，再一次放大。如此循环，形成了强烈的正反馈，使两个晶体管很快达到完全饱和状态，这就是晶闸管的导通过程。导通后，晶闸管上的正向压降为 1.5 V 左右，通常可以忽略。

在晶闸管导通之后，如果控制极电流消失，由于晶闸管内部已经形成强烈的正反馈，则晶闸管仍将处于导通状态。要想关断晶闸管，最根本的方法就是必须将阳极电流减小到使之不能维持正反馈的程度，即设法将晶闸管的阳极电流减小到维持电流以下。可采用的方法有：将阳极电源断开，或者在阳极和阴极之间加反向电压。因此，控制极的作用仅是触发晶闸管使其导通；导通之后，控制极就失去了作用，不能令其关断。

3. 晶闸管的主要参数

晶闸管的各项额定参数在其生产后，由厂家经过严格测试而确定。作为使用者来说，只需要正确地选择管子就可以了。

晶闸管的电压说明如下：

（1）正向断态重复峰值电压 U_{DRM}：在额定结温下，在控制极断路和晶闸管正向阻断的条件下，可重复加在晶闸管两端的正向峰值电压称为正向重复峰值电压 U_{DRM}（国际规定重复频率为 50 Hz，每次持续时间不超过 10 ms）。

（2）反向重复峰值电压 U_{RRM}：在额定结温下，控制极断路时，可以重复加在晶闸管两端的反向峰值电压称为反向重复峰值电压 U_{RRM}。

（3）晶闸管额定电压 U_{Tn}：晶闸管额定电压通常是这样标定的，取实测 U_{DRM} 和 U_{RRM} 中的较小值，按规定的标准电压等级就低取整数，作为该晶闸管的额定电压。例如，一只晶闸管实测 $U_{DRM} = 812\ V$，$U_{RRM} = 756\ V$，将两者较小的 756 V 取整得 700 V，则该晶闸管的额定电压为 700 V。

在晶闸管的铭牌上，额定电压是以电压等级的形式给出的。通常标准电压等级规定为电压在 1 000 V 以下，每 100 V 为一级；1 000 ~ 3 000 V，每 200 V 为一级，用百位数或千位和百位数表示级数。晶闸管标准电压等级见表 2-2。

表 2-2　晶闸管标准电压等级

级别	正反向重复峰值电压/V	级别	正反向重复峰值电压/V
1	100	12	1 200
2	200	14	1 400
3	300	16	1 600
4	400	18	1 800
5	500	20	2 000
6	600	22	2 200
7	700	24	2 400
8	800	26	2 600
9	900	28	2 800
10	1 000	30	3 000

第三节　电力晶体管

电力晶体管通常用 GTR 表示，GTR 是巨型晶体管 Giant Transistor 的缩写。电力晶体管的电流是由电子和空穴两种载流子运动而形成的，故又称为双极型电力晶体管。

在各种自关断器件中，电力晶体管的应用最为广泛。在数百千瓦以下的低压电力电子装置中，使用最多的就是电力晶体管。

电力晶体管的结构和工作原理都与小功率晶体管非常类似。电力晶体管是由三层硅半导体、两个 PN 结构成的。其与小功率晶体管相同，也有 PNP 和 NPN 两种结构。因为在同样结构参数和物理参数的条件下，NPN 晶体管比 PNP 晶体管性能优越得多，所以，高压大功率电力晶体管多用 NPN 结构，本节主要研究这种结构的器件。

图 2-6（a）所示为 NPN 型电力晶体管的结构图，图 2-6（b）所示为其电气图形符号。大多数电力晶体管是用三重扩散法制作的，或者是在集电区高掺杂的 N^+ 硅衬底上用外延生长法生长一层 N^- 漂移层，然后在上面扩散 P 基区，接着扩散高掺杂的 N^+ 发射区。基极和发射极在一个平面上制成叉指式，以减少电流集中，提高器件的通流能力。

晶体管电路有共发射极、共基极、共集电极三种接法。电力晶体管常用共发射极接法。图 2-6（c）给出了共发射极接法时电力晶体管内部主要载流子流动情况示意图。

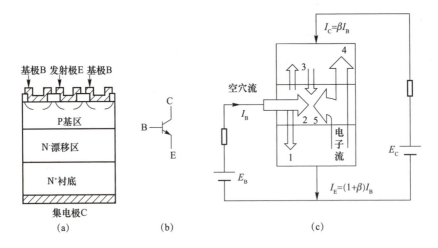

图 2-6　GTR 的结构、电气图形符号和内部载流子的流动
1—从基极注入的越过正向偏置发射结的空穴；
2—与电子复合的空穴；3—因热骚动产生的载流子构成的集电结漏电流；
4—越过集电结形成集电极电流的电子；5—发射极电子流在基极中因复合而失去的电子

第四节　门极可关断晶闸管

门极可关断晶闸管（Gate-Turn-off Thyristor，GTO）具有普通晶闸管的全部优点，如耐压高、电流大等，同时它又是全控型器件，即在门极正脉冲电流触发下导通，在负脉冲电流触发下关断。

GTO 的内部结构与普通晶闸管相同，都是 PNPN 四层二端结构，但在制作时采用特殊的工艺使管子导通后处于临界饱和，而不像普通晶闸管那样处于深度饱和状态，这样就可以利用门极负脉冲电流使其退出临界饱和状态从而关断。GTO 的外部引脚与普通晶闸管相同，也有阳极 A、阴极 K 和门极 G 三个电极。其外形、结构断面示意和电气图形符号如图 2-7 所示。

新能源汽车 GTO 门极驱动电路的种类很多，从是否通过脉冲变压器输出来看，可分为间接驱动和直接驱动，两者各有利弊。

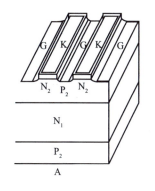

图 2-7　GTO 的内部结构和电气图形符号

一、间接驱动

间接驱动是驱动电路通过脉冲变压器和 GTO 门极相连，这样脉冲变压器可起到主电路和控制电路的隔离作用。另外，GTO 门极驱动电流很大而电压很低，利用脉冲变压器匝比的配合可使驱动电路脉冲输出功率器件的电流大幅度减小。

但是，脉冲变压器有一定漏感，使输出脉冲陡度受到限制。另外，其寄生电感和电容易使门极脉冲前、后沿出现振荡，对 GTO 的正确导通和关断不利。

二、直接驱动

直接驱动不用脉冲变压器，门极驱动电路直接与 GTO 相连。因为没有脉冲变压器的漏感，其脉冲前沿陡度好，也可以避免脉冲变压器引起的寄生振荡。

因为门极驱动电路直接与 GTO 相连接，因此，控制电路和门极驱动电路及各门极驱动电路间都要采取电气隔离措施。通常采用变压器或光耦合隔离。同时，各门极驱动电路所用的直流电源也要隔离。

直接驱动的另一个缺点是脉冲功率放大器件电流较大，而且因为其负载是低阻抗的 GTO 门极 PN 结，故脉冲功率放大器件很难饱和，功耗大，效率较低。

新能源汽车 GTO 的结构和特点使其对驱动电路要求较严，门极控制不当，会使 GTO 在远不足电压、电流定额的情况下损坏。

1. GTO 的开通控制

GTO 的多元集成结构要求所有 GTO 元在门极触发后同时导通，如果没有足够大的门极正向电流上升陡度，则 GTO 元延迟时间的差异将造成先导通的 GTO 元电流密度过大，门极正向电流脉冲幅值和宽度不足，将造成 GTO 元阴极导电面积扩展缓慢，局部电流密度不能迅速减小。例如，大部分 GTO 元还未到达擎住电流时门极脉冲已结束，就可能使部分导通的 GTO 元因承担全部阳极电流而损坏。

由于上述原因，要求 GTO 门极正向驱动电流的前沿必须有足够的幅值和陡度，可达产品目录所列门极触发电流（直流值）的 6~10 倍，然后逐渐降至 1~2 倍，下降过程缓慢为好。门极脉冲宽度最好和 GTO 导通时间相同，这样可以降低 GTO 导通时间的管压降，减少导通损耗。

在 GTO 导通期间，虽然门极电流都超过产品目录所给的触发电流，但不能超过所给的门极正向峰值功率和门极正向平均功率。

与同等容量的普通晶闸管相比，GTO 所需正向驱动电流的幅值和前沿陡度都较大。

2. GTO 的关断控制

图 2-8 所示为 GTO 门极关断时刻脉冲电流 i_G 和门阴极电压 u_G 的波形。在存储时间 t_s 期间，驱动电路从 P_2 基区抽出存储电荷形成门极电流。在此期间，门极与阴极间的 PN 结仍是正向偏置。存储时间结束后，$N_1P_2N_2$ 等效晶体管开始退饱和，恢复控制能力，GTO 内部进行阳极电流衰减的正反馈过程，这段时间即为阳极电流下降时间 t_f。在此期间，门极电流仍为负，门极已承受负电压。门极反向电压峰值通常都接近甚至达到门阴极间雪崩击穿电压，然后逐渐衰减，直至尾部时间 t_t 阶段都应保持门极负电压。例如，在下次 GTO 重新开通前都保持一定反向电压，则可以防止 GTO 误导通。

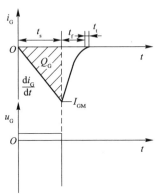

图 2-8　GTO 门极关断时刻脉冲电流 i_G
和门阴极电压 u_G 的波形

图 2-8 中阴影面积称为门极关断电荷 Q_G，是 P_2 基区中存储电荷的数量。若被关断阳极电流 I_A 一定，则 Q_G 也一定。Q_G 随 I_A 的增大而增大。例如，门极负电流幅值和陡度增加，因阴影面积 Q_G 不变，t_s 将缩短。同时，也加强了 t_t 阶段门极抽取 $P_1N_1P_2$ 等效晶体管集电极电流的能力，加速了阳极电流衰减的正反馈过程，使下降时间 t_t 缩短。门极反向脉冲电流的峰值一般应达到 GTO 导通时的阳极电流 25%~30%，最大不应超过 2 IATO/3（被关断的最大阳极电流），以免门极瞬时功耗过大而损坏。

3. 推荐的 GTO 门极脉冲波形

较为理想的门极驱动电流波形如图 2-9 所示。驱动电流的幅值和前沿陡度都与 GTO 的容量及特性参数有关。

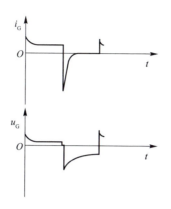

图 2-9 推荐的 GTO 门极脉冲波形

从原理上说，正向门极脉冲电流只要延续到 GTO 达到擎住电流即可；反向门极驱动电压的持续时间只要略大于关断时间 t_{off} 和尾部时间 t_t 之和即可。但图 2-9 的波形正向脉冲电流后沿和反向脉冲电流前沿相连，反向电压后沿和正向电流前沿相连。在 GTO 导通期间，保持正向门极电流可降低管压降，减少导通损耗。在 GTO 关断期间，保持门极反向电压可防止误触发。另外，一般来说，开通和关断脉冲后沿极易出现过冲，开通脉冲后沿过冲可能成为误关断信号，关断脉冲后沿过冲可能形成误导通信号。例如，将二者连接起来，却可以利用过冲增加前沿陡度。

当采用的正反向脉冲的宽度都较窄，且两者不相连时，脉冲后沿坡度应尽量小，以免误导通或误关断。

第五节 功率场效应晶体管

功率场效应晶体管也称电力场效应管（Power MOSFET），即电力 MOSFET，由于只有多数载流子参与导电，因而是一种单极型电压全控器件。电力 MOSFET 是用栅极电压来控制漏极电流大小的半导体器件，具有输入阻抗高、工作频率高（开关频率可达 500 kHz 以上）、驱动电路简单且需要的驱动功率小、热稳定性好、不易发生二次击穿、安全工作区宽等特点。它特别适用于高频化电力电子装置，如 DC – DC 变换器、开关电源、便携式电子设备、汽车及航空航天等电子电器设备。但因其电流、热容量小，耐压低，一般只适用于小功率电力电子装置。

电力 MOSFET 的种类和结构繁多。按导电沟道可分为 P 沟道和 N 沟道。当栅极电压为零时源漏之间就存在导电沟道的称为耗尽型；对于 N（P）沟道器件，栅极电压大于（小于）零时才存在导电沟道的称为增强型。在电力 MOSFET 中，主要是 N 沟道增强型。

电力 MOSFET 和小功率 MOS 管导电机理相同，但在结构上有较大的区别。小功率 MOS 管是由一次扩散形成的器件，其栅极 G、源极 S 和漏极 D 在芯片同一侧，导电沟道平行于芯片表面，是横向导电器件。由于要使其流过很大的电流，必须增大芯片面积和厚度，故很难制成大功率管。电力 MOSFET 是由两次扩散形成的器件。一般 100 V 以下的器件是横向导电的，称为横向双扩散（Lateral Double Diffused）器件，简称 LDMOS。而电压较高的器件制成垂直导电型的，称为垂直双扩散（Virtical Double Diffused）器件，简称 VDMOS。这种器件是将漏极移到另一个表面上，使从漏极到源极的电流垂直于芯片表面流过，这样有利于加大电流密度和减小芯片面积。

电力 MOSFET 是多元集成结构，一个器件由许多个小 MOSFET 单元组成，为有效利用器件面积，每个单元常制成六边形、正方形或条形。图 2-10（a）所示为 VDMOS 中一个单元的截面图，它是在电阻率很低的重掺杂 N^+ 衬底上生长一层漂移层 N，该层的厚度和杂质浓度决定了器件的正向阻断能力。然后在漂移层上再生长一层很薄的栅极氧化物，在氧化物上沉积多晶硅栅极。在用光刻法除去一部分氧化物后，进行 P 区和 N^+ 源区双区双扩散，并沉积源极电极。这样，就形成了 N 沟道增强型电力 MOSFET，其电气图形符号如图 2-10（b）所示。

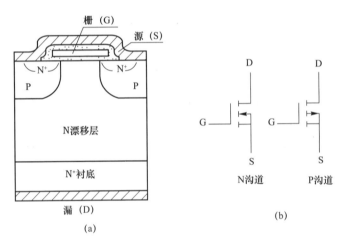

图 2-10 电力 MOSFET 的结构和电气图形符号

当漏极接电源正端，源极接电源负端，栅极和源极间电压为零时，P 基区与 N 漂移区之间形成的 PN 结 J_1 反偏，漏源极之间无电流流过。如果在栅极和源极之间加一正电压 U_{GS}，由于栅极是绝缘的，所以并不会有栅极电流流过。但栅极的正电压会将其下面 P 区中的空穴推开，而将 P 区中的少数载流子电子吸引到栅极下面的 P 区表面。当 U_{GS} 大于某一电压值 U 时，栅极下 P 区表面的电子浓度将超过空穴浓度，从而使 P 型半导体反型成 N 型半导体而成为反型层，该反型层形成 N 沟道而使 PN 结 J_1 消失，漏极和源极导电。电压 U_T 称为开启电压（或阈值电压），U_{GS} 超过 U_T 越多，导电能力越强，漏极电流 I 越大。I_D 和 U_{GS} 的关系曲线反映了输入电压和输出电流的关系，称为 MOSFET 的转移特性，如图 2-11（a）所示。

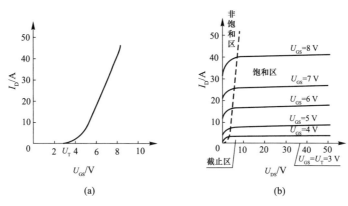

图 2-11 MOSFET 转移特性和输出特性

从图中可知，I_D 较大时，I_D 与 U_{GS} 的关系近似线性，曲线的斜率被定义为 MOSFET 的跨导 G_{fs}，即

$$G_{fs} = \frac{dI_D}{dU_{GS}} \tag{2-1}$$

MOSFET 是电压控制型器件，其输入阻抗极高，输入电流非常小。

电力 MOSFET 输出特性如图 2-11（b）所示，由图示可以看到，输出特性可分为以下三个工作区：

（1）截止区，$U_{GS} < U_T$，$I_D = 0$。

（2）饱和区，或称有源区，$U_{GS} > U_T$。在该区当中 U_{GS} 不变时，I_D 几乎不随 U_{DS} 的增加而加大，近似一个常数，故称为饱和区。当用于开关工作时，MOSFET 在此区内运行。

（3）非饱和区，或称为可调电阻区。此时漏源电压 U_{GS} 与漏极电流 I_D 之比近似为常数，而几乎与 U_{GS} 无关。当 MOSFET 工作为线性放大时，应工作在此区。

用图 2-12（a）的电路来测试电力 MOSFET 的开关特性。图中 u_p 为矩形脉冲电压信号源［波形如图 2-12（b）所示］，R_s 为信号源内阻，R_G 为栅极电阻，R_L 为漏极负载电阻，R_F 用于检测漏极电流。

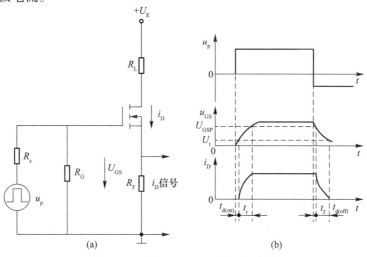

图 2-12 电力 MOSFET 的开关过程

因为 MOSFET 存在输入电容 C_{in}，所以当脉冲电压 u_p 的前沿到来时，C_{in} 有充电过程，栅极电压 u_{GS} 呈指数曲线上升，如图 2-12（b）所示。当 u_{GS} 上升到开启电压 U_T 时，开始出现漏极电流 i_D。从 u_p 前沿时刻到 $u_{GS} = U_T$ 并开始出现 i_D 的时刻这段时间称为开通延迟时间 $t_{d(on)}$ 此后，i_D 随 u_{GS} 的上升而上升。u_{GS} 从开启电压上升到 MOSFET 进入非饱和区的栅压 U_{GSP} 这段时间称为上升时间 t_r，这时相当于电力晶体管的临界饱和，漏极电流 i_D 也达到稳态值。i_D 的稳态值由漏极电源电压 U_E 和漏极负载电阻决定，U_{GSP} 的大小和 i_D 的稳定值有关。u_{GS} 的值到达 U_{GSP} 后，在脉冲信号源 u_p 的作用下继续升高直至到达稳态，但 i_D 已不再变化，相当于电力晶体管处于深饱和。MOSFET 的开通时间 t_{on} 为开通延迟时间 $t_{d(on)}$ 与上升时间 t_r 之和，即

$$t_{on} = t_{d(on)} + t_r \tag{2-2}$$

当脉冲电压 u_p 下降到零时，栅极输入电容 C_{in} 通过信号源内阻 R_s 和栅极电阻 R_G 开始放电，栅极电压 u_{GS} 按指数曲线下降，当下降到 U_{GSP} 时，漏极电流 i_D 才开始减小，这段时间称为关断延迟时间 $t_{d(off)}$。此后，C_{in} 继续放电，u_{GS} 从 U_{GSP} 继续下降，i_D 减小，到 $u_{GS} < U_t$ 时沟道消失，i_D 下降到零。这段时间称为下降时间 t_f。关断延迟时间 $t_{d(off)}$ 和下降时间 t_f 之和为 MOSFET 的关断时间 t_{off}，即

$$t_{off} = t_{d(off)} + t_f \tag{2-3}$$

从上面的开关过程可以看出，MOSFET 的开关速度和其输入电容的充放电有很大关系。使用者虽然无法降低 C_{in} 的值，但可以降低栅极驱动回路信号源内阻 R_s 的值，从而减小栅极回路的充放电时间常数，加快开关速度。MOSFET 的工作频率可达 100 kHz 以上，是各种电力电子器件中最高的。

MOSFET 是场控型器件，在静态时几乎不需要输入电流。但是在开关过程中需要对输入电容充放电，仍需要一定的驱动功率。开关频率越高，所需要的驱动功率越大。

第六节　绝缘栅双极型晶体管

一、IGBT 的特征

除电力晶体管（GTR）、GTO、电力 MOSFET 外，近年来，其他新型电力电子器件也得到了迅猛发展。因为场控型器件具有驱动功率小、开关速度快的特点，所以这些新型器件多为场控型器件和其他器件的复合。

IGBT 基础知识及在新能源汽车中的应用

绝缘栅双极型晶体管是由双极型电力晶体管 GTR 和 MOSFET 复合而成的。IGBT 是 Insulated Gate Bipolar Transistor 的缩写。电力晶体管饱和压降低，载流密度大，但驱动电流较大。MOSFET 驱动功率小，开关速度快，但导通压降大，载流密度小。IGBT 综合了以上两种器件的优点，驱动功率小而饱和压降低。

绝缘栅双极型晶体管，IGBT 是晶圆经过切割、测试、封装制造出来的。IGBT 模块是由

IGBT（绝缘栅双极型晶体管芯片）与 FWD（续流二极管芯片）通过特定的电路桥接封装而成的模块化半导体产品。

IGBT 最常见的形式其实是模块（Module），而不是单管。IGBT 模块有以下 4 个基本特征：

（1）多个芯片以绝缘方式组装到金属基板上。

（2）空心塑壳封装，与空气的隔绝材料是高压硅脂或者硅脂，以及其他可能的软性绝缘材料。

（3）同一个制造商、同一技术系列的产品，IGBT 模块的技术特性与同等规格的 IGBT 单管基本相同。

（4）IGBT 模块具有节能、安装维修方便、散热稳定等特点。当前市场上销售的多为此类模块化产品，一般所说的 IGBT 也指 IGBT 模块。

二、IGBT 的工作原理

IGBT 芯片的内部结构结合了 MOSFET 的驱动优势及双极性晶体管的导通优势。其内部结构和等效电路如图 2-13 所示。

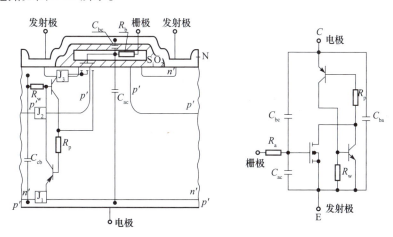

图 2-13　IGBT 芯片的内部结构和等效电路

PNP 和 NPN 型的双极性晶体管在导通时，少数载流子和多数载流子参与导电。在同等电压和电流条件下，双极性晶体管的导通压降要低于 MOSFET 的导通压降，后者只有多数载流子参与导电。导通时，MOSFET 需要的栅极驱动能量小，而晶体管需要相对高的基极电流来维持整个导通周期。

在内部，IGBT 更像垂直结构的 MOSFET，但是它在漏极侧增加了高掺杂的 P^+ 层，称之为集电极。当栅极接负电压或者零电压时，IGBT 关断。这时发射极电压要远低于集电极电压即 IGBT 正向阻断，PN 结 J_2 阻断。为了获得足够的阻断能力，必须使得 N^- 区足够宽，且掺杂浓度要足够低。

如果 IGBT 的栅极接到正电压（通常是 +15 V），IGBT 进入导通状态。首先，在氧化层下面的 P 区建立反型导电沟道，为电子从发射极到 N⁻ 区提供导电通路，从而降低 N⁻ 区的电位，J_1 导通。P⁺ 区的少子（空穴）开始进入 N⁻ 区，使得该区的少数载流子浓度超过多数载流子几个数量级（假设集电极电压足够高）。为了保持电荷中性，大量的自由电子从 N⁺ 区吸引到 N⁻ 区。由于载流子的注入，本来相对高阻的 N⁻ 区的导电率迅速上升。这个过程称为电导调制效应，它会显著降低 IGBT 的正向导通压降。IGBT 的饱和压降［V_{ce}（sat）］低于 MOSFET 的扩散电压（特别是在高压大电流的应用场合），所以，IGBT 的损耗要比 MOSFET 低。

IGBT 的输出特性如图 2-14 所示。如果栅极电压不够大，那么形成的反型层较弱，输入漂移区的电子数相对较少，导致 IGBT 的压降增大，直接影响到导通损耗增大甚至因过温损坏 IGBT。

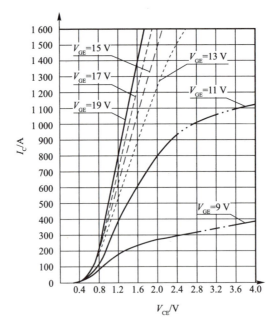

图 2-14　IGBT 的输出特性

如果栅射极电压为零或者负压，栅极的沟道重组将阻止自由电子继续注入漂流区。此时，漂流区载流的浓度很高，所以，大量的电子向集电极 P⁺ 区移动，而空穴向 P 区移动。由于电子浓度逐渐拉平，载流子的移动逐步停止，剩余的载流子只能依靠复合来移除。因而，IGBT 的关断电流可分为以下两个阶段：

（1）关断反型沟道，导致电流迅速下降；

（2）持续的时间较长，导致 IGBT 产生拖尾电流。

第一个阶段被称为 MOSFET 关断，第二个阶段称为晶体管关断。拖尾电流使 IGBT 的关断损耗高于 MOSFET 的关断损耗。

图 2-13 所示的 IGBT 等效电路，其内部存在寄生晶闸管，该晶闸管由两个双极性晶体管组成。为了防止 IGBT 意外导通（即闭锁），可以在设计和制造 IGBT 时采用一些有

针对性的预防策略防止寄生晶闸管导通。例如，可以通过芯片金属化的方法将 NPN 晶体管的基极与发射极短路来解决闭锁问题，这种技术可以保证晶体管的基极和发射极的电压为 0 V，确保晶体管不会导通。这种设计可以通过局部提升 P 区的掺杂浓度或者选用更窄的 N^+ 区来改进，前者可以通过降低欧姆电阻阻值来降低晶体管基极和发射极的电压。

闭锁可以发生在静态开通状态（IGBT 已导通）和动态开关状态（IGBT 关断过程），在这两种情况下通过 IGBT 电流值的大小是决定发生闭锁的关键参数。电流越大，越易发生闭锁。但是根据前面提到的设计，目前大多数 IGBT 在一定的电流范围内不会发生闭锁。值得注意的是，这个电流范围一般是指在 2 倍的标称电流之内。

三、IGBT 在新能源汽车上的作用及重要性

IGBT 的作用是交流电和直流电的转换，同时，IGBT 还承担电压高低转换的功能。外界充电时是交流电，需要通过 IGBT 转变成直流电然后给电池充电，同时，要将 220 V 电压转换成适当的电压以上才能给电池组充电。电池放电时，通过 IGBT 将直流电转变成交流电机使用的交流电，同时起到对交流电机的变频控制，当然变压是必不可少的。IGBT 是功率半导体器件，可以说是电动车的核心技术之一，IGBT 的好坏直接影响电动车功率的释放速度。

新能源汽车区别于传统汽车最核心的技术是电池、电机和电控三电系统。电机控制系统是新能源汽车产业链的重要环节；电控系统的技术水平直接影响整车的性能和成本。其中，电控系统应用的核心部件 IGBT 拥有高输入阻抗、高速开关和导通损耗低等特点，在高压系统中担负着极其重要的角色。

（1）在主逆变器（Main Inverter）中，IGBT 将高压电池的直流电转换为驱动三相电机的交流电；

（2）在车载充电机（OBC）中，IGBT 将 220 V 交流电转换为直流并为高压电池充电；

（3）在 PTC、DC - DC、水泵、油泵、空调压缩机等应用中都会使用到 IGBT。

IGBT 是能源变换与传输的核心器件，俗称电力电子装置的"CPU"，应用于直流电压为 600 V 及以上的变流系统如轨道交通、智能电网、航空航天、新能源装备等领域。封装后的 IGBT 模块直接应用于变频器、UPS 不间断电源等设备上。

对于新能源车来说，电池、VCU、BMS、电机效率都缺乏提升空间，最有提升空间的当属电机驱动部分，而电机驱动部分最核心的元件 IGBT 则是最需要重视的。

不仅电机驱动要用 IGBT，新能源车的发电机和空调部分也需要 IGBT。不仅是新能源车，直流充电桩和高铁的核心也是 IGBT 管，直流充电桩 30% 的原材料成本是 IGBT。电力机车一般需要 500 个 IGBT 模块，动车组需要超过 100 个 IGBT 模块，一节地铁需要 50 ~ 80 个 IGBT 模块。

IGBT 约占电机驱动系统成本的一半，而电机驱动系统占整车成本的 15% ~ 20%，也就

是说，IGBT 占整车成本的 7%～10%，是除电池外成本第二高的元件，也决定了整车的能源效率。

2016 年全球电动车销量大约 200 万辆，共消耗了大约 9 亿美元的 IGBT 管，平均每辆车大约 450 美元，是电动车里除电池外最昂贵的部件。

四、汽车级大功率 IGBT 的发展趋势

目前，IGBT 在新能源汽车上的应用可分为单管并联和 IGBT 模块两种。单管方案随并联数量增加，其技术难度及成本呈非线性上升关系；IGBT 模块采用框架式结构，产品开发周期短、可靠性高，极大地降低了系统设计的复杂性。

因此，IGBT 模块已在全球新能源汽车中得到了非常广泛的应用。随着市场对于整车性能要求的迅速提高，汽车级大功率 IGBT 呈现出高电压、高效率、高功率密度和高可靠性的发展趋势。

1. 专用的汽车级 IGBT 芯片

无论芯片技术、生产工艺还是测试流程都是为汽车级应用量身定制的。芯片的最高工作节温由 150 ℃提升至 175 ℃，相同厚度的芯片耐压由 650 V 提升至 750 V，相同芯片面积下电流能力提升 20%，门级电荷量降低至之前的 70%。同时，将电流传感器和温度传感器集成在 IGBT 芯片上，实现更加及时和准确的采样。

2. 先进的制造工艺

IGBT 的制造工艺水平也在不断提升，诸多先进制造工艺如离子注入、精细光刻等被应用到 IGBT 制造上。芯片在制造过程中的最小特征尺寸已由 5 μm 降至 1 μm。硅片尺寸从 8 英寸转换为 12 英寸，通过提高硅片切割的利用率来降低 IGBT 芯片的成本。

3. 优化的封装技术

由于芯片技术的不断完善，芯片的最高工作节温及功率密度不断提高。因此，IGBT 模块封装技术将围绕着芯片焊接可靠性、芯片与功率端子互联技术及降低热阻三个方面不断改进。

另外，无绑定线键合、集成电流/温度传感器、集成控制/驱动电路及双面冷却都有助于提高 IGBT 的功率循环次数、抗振动等级和功率密度，同时降低引线电感及芯片到散热器热阻。

4. 智能化和功能安全设计

功率电子传统意义上是一个被动的执行器件，接收指令后动作。未来的趋势是不仅简单地接收指令，还有部分判断和保护功能。例如，在 IGBT 模块内集成控制和驱动电路、增加电流和温度传感器。IGBT 模块内部控制系统可采用相应的控制策略降低反电势电压。在电池电压偏高时，可降低功率器件开关速度；在电池电压正常时，切换为最高效开关动作。因此，功率器件的智能化可以让电子控制系统达到更高的安全等级。

5. 平台化设计

典型的汽车电子产品研发周期需要 2～3 年,如果开发一个产品平台,就可以显著缩短开发周期和降低成本。以目前市场上应用较为广泛的汽车级 HybridPACK(英飞凌针对电动汽车推出的系列 IGBT 模块)产品为例,其产品家族可分为 HP1-DC6 和 HP Drive 两个封装平台。其中,HP1-DC6 产品平台适合 50～100 kW 的应用;HP Drive 则覆盖了 80～180 kW 的应用。

中国 IGBT 生产线

本章介绍了电力电子器件的主要特征及常用的三种分类方法;较详细地介绍了不可控器件二极管和半控型器件晶闸管的结构及工作原理、基本特性、主要参数、主要类型等;对全控型器件中的 GTO、GTR 和 Power MOSFET 作了简要介绍。对 IGBT 的结构和工作原理、用途及重要性等作了重点介绍。

根据开关器件开通、关断可控性的不同,可将开关器件分为不可控器件、半控型器件和全控型器件。

功率二极管是不可控器件,当其处于正向偏置时自然导通,而处于反向偏置时自然关断。

普通晶闸管及其派生器件属于半控型器件,当晶闸管承受正向电压时,在其门极和阴极之间加正向触发脉冲电流后,晶闸管从断态转入通态。一旦晶闸管导通后,撤除触发脉冲,晶闸管仍然处于导通状态,即门极只能控制其导通而不能控制其关断,要使晶闸管关断,只能使其阳极和阴极之间的电压为零或者反向,使其阳极电流低于其维持电流。

GTO、GTR、Power MOSFET 和 IGBT 都是全控型器件,即通过控制极或门极施加驱动信号既能控制其开通,也能控制其关断。

根据开通和关断所需控制极驱动信号的不同要求,可控器件可分为电流型控制器件和电压型控制器件。

SCR、GTO 和 GTR 为电流控制型器件,而 Power MOSFET 和 IGBT 为电压控制型器件。电流型控制器件的特点是导通压降小,通态损耗小(GTO 除外),但所需驱动功率大,驱动电路复杂,工作频率较低。电压型控制器件的特点是输入阻抗高,所需驱动功率小,驱动电路简单,工作频率高,但导通压降要大一些。

1. 电力电子器件按器件的开关控制特性可分为哪几类?
2. 电力二极管的工作原理和特性是什么?

3. 电力二极管的主要类型有哪些?

4. 晶闸管的工作原理是什么?

5. 什么是 GTO 门极直接驱动、间接驱动?各有什么特点?

6. 由图 2-11 所示 MOSFET 的输出特性可知,MOSFET 的 3 个工作区域是什么?它们的特点是什么?

7. IGBT 与 GTR、MOSFET 相比有哪些特点?

8. IGBT 模块有哪些特征?

9. IGBT 在现代交通系统中的重要性是什么?

10. IGBT 在新能源汽车上的成本如何?

第三章

AC–DC 变换电路

第一节　AC–DC 变换电路简介

AC–DC 变换器是指将交流电能变换为直流电能的电力电子装置。使用不可控器件（二极管）、半控型器件（普通晶闸管）及全控器件（如 IGBT、Power MOSFET 等）可分别组成不控整流、相控整流及 PWM 整流电路。不控整流电路只能运行于整流状态，无法实现有源逆变运行，而相控整流电路则有可能运行在整流和有源逆变两种状态。整流电路的工作原理、特性、电压电流波形，以及电量之间的数量关系与整流电路所带的负载性质密切相关，必须根据负载性质分别进行讨论。整流电路的分析方法主要是波形分析法，根据交流电源的电压波形、电力电子器件的通断状态和负载的性质，分析电路中的各点电压、电流波形，从而分析计算各个电量的大小及其与移相控制角的关系，确定电力电子器件的电压定额和电流定额。

众所周知，交流电是人们日常生活或工作的主要电能来源，但在各种仪器装置中的很多电气电子设备需要用直流电源。例如，在新能源汽车上，给汽车提供能源的动力电池需要 400 V 左右的直流电，+12 V 蓄电池需要直流电，电路板中的微控制器需要 +3.3 V 或 +5 V 直流电，运算放大器需要 ±15 V 直流电。为了满足这些设备对电源的要求，可通过整流电路将交流电进行整流，再按照要求对整流后的直流电进行处理。在新能源汽车上，车载充电机就是将 220 V 交流电转换为动力电池的直流电，实现电池电量的补给。

AC–DC 功率变换模块电路的一般原理图如图 3-1 所示。图中 V_{ref} 为参考电压；PWM 为脉冲宽度调制式开关变换器。AC–DC 功率变换模块由输入滤波电路、全波整流和滤波电路、DC–DC 变换电路、过电压和过电流保护电路、控制电路和输出整流电路组成。整流电路的作用是将交流电压变为直流脉冲电压，输入滤波电路的作用是使整流后的电压更加平滑，并将电网中的杂波滤除以免对模块产生干扰，同时输入滤波器也阻止模块自身产生的干扰影响。DC–DC 变换电路和控制电路是模块的关键环节，由它实现直流电压的转换和稳压。保护电路的作用是在模块输入电压或电流过大的情况下产生动作，使模块关断，从而起到保护作用。目前，越来越多的模块制造厂商在全波整流电路和 DC–DC 变换电路之间加入功率因素校正电路，有效地解决了整流后谐波畸变所导致的低功率因素问题，使模块效率进一步提高。

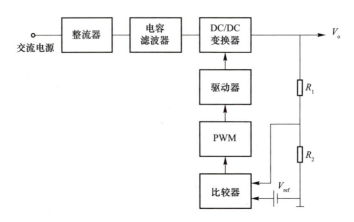

图 3-1　AC – DC 功率变换模块电路的一般原理图

整流电路是电力电子技术中出现最早的一种变换电路，应用十分广泛，电路形式多种多样。整流电路按电路结构可分为半波电路、全波电路和桥式电路，按电源相数可分为单相电路、三相电路和多相电路，按电路组成的器件可分为不可控整流电路、半控整流电路、全控整流电路等。在可控整流电路中，传统的方法是通过控制晶闸管的导通时刻来控制输出的直流电压，这样的电路称为相控整流电路，而由全控型器件组成的 PWM 整流电路，由于其性能优良，已越来越受到工程领域的重视。

第二节　单相可控整流电路

典型的单相可控整流电路包括单相半波可控整流电路、单相桥式全控整流电路、单相桥式半控整流电路、单相全波可控整流电路等。其中，单相半波可控整流电路结构最简单，本节先以该电路为载体，介绍整流电路的分析方法，研究电阻性负载、电感性负载时整流电路的工作特性，引入移相控制角、导通角等概念。在此基础上讨论其他几种单相可控整流电路。

一、单相半波可控整流电路

1. 电阻性负载

电阻性负载的最大特点是负载上的电压、电流同相位，波形形状相同，而且电阻只能消耗电能，不能存储或释放电能。

图 3-2 所示是带电阻性负载的单相半波可控整流电路及工作波形。在分析中，若无特殊说明，均认为电路中开关器件为理想器件，即器件通态压降为零，且动态响应是瞬时的；另外，也不考虑变压器漏阻抗对电路的影响。在图 3-2（a）所示的电路中，T 为整流变压器，

起变压和隔离作用，使整流电路输入输出电压间获得合理的匹配，以提高整流电路的性能指标，尤其是整流电路的功率因数。其一次、二次电压瞬时值分别用 u_1 和 u_2 表示，有效值用 U_1 和 U_2 表示。变压器二次电压 u_2 通过负载 R 加到晶闸管 VT 的阳极和阴极之间。

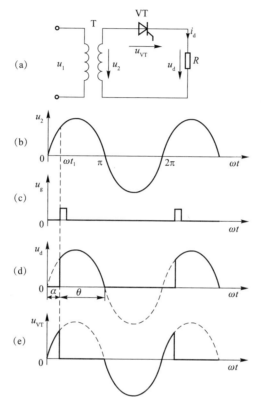

图 3-2 带电阻性负载的单相半波可控整流电路及工作波形

（1）工作原理及波形分析。在电源的正半周期，晶闸管承受正向电压（阳极电压高于阴极电压），但在未加触发脉冲之前，晶闸管 VT 处于阻断状态，电路中无电流流过，此时负载电阻电压 u_d 为零，晶闸管 VT 承受全部电源电压 u_2。

在 $\omega t = \omega t_1$ 时刻，给晶闸管 VT 门极加触发脉冲电压 u_g，如图 3-2（c）所示，晶闸管 VT 立即导通，负载上便有电流流过，电源电压全部加在负载电阻上，所以 $u_{VT}=0$，负载电压 $u_d = u_2$，负载电流 $i_d = u_d/R$，波形与 u_d 相同。工作波形如图 3-2（d）所示。

在以后的 ωt_1 至 π 的范围内，即使晶闸管门极触发电压消失，晶闸管继续导通。

当 $\omega t = \pi$ 时，电源电压 u_2 降为零，晶闸管 VT 阳极电流小于其维持电流，晶闸管关断。此后晶闸管承受反向电压 $u_{VT} = u_2$，负载电压 $u_d = 0$，电流 $i_d = 0$。

在电源的负半周期，即 π 至 2π 期间，晶闸管 VT 承受反向电压处于反向阻断状态，电源电压又全部降落在晶闸管 VT 上，负载 R 上承受的电压和流过的电流均为零。直到下一个周期，晶闸管 VT 又处于正向电压作用下，若给门极加触发脉冲，晶闸管 VT 再次导通，如此不断循环往复上述过程。

从上述分析可知，在电源电压的一个工作周期内，负载上得到的整流输出电压是一个极性不变、幅值变化的脉动直流电压，其脉动频率与电源频率一致。另外，电路只在电源电压的正半周内实现整流，所以又称为半波可控整流电路。

由图3-2（d）所示的波形可以看出，改变施加的触发脉冲电压的相位（即控制脉冲的触发时刻），输出电压 u_d 的值随之改变，所以，将这种通过相位控制来调节直流输出电压大小的方式称为相位控制方式，简称相控方式，相应的整流电路称为相控整流电路。一般规律是：ωt_1 越小，门极触发脉冲出现时间越早，负载电压波形面积越大，在一周内的平均电压 u_d 就越大。

根据上述电路的工作原理，需要熟悉以下几个相关概念：

①触发延迟角：从晶闸管开始承受正向阳极电压到施加触发脉冲导通为止的电角度称为触发延迟角或控制角，常用 α 来表示。图3-2（c）中 $0 \sim \omega t_1$ 这一段对应的电角度即触发延迟角。

②导通角：晶闸管在一个周期内导通的电角度称为导通角，用 θ 表示。导通角 θ 和触发延迟角 α 之间的关系式是 $\theta = \pi - \alpha$。

③移相：改变触发延迟角的 α 大小，即改变触发脉冲电压 u_G 出现的相位，称为移相。

④移相范围：触发延迟角 α 从 $0°$ 开始到最大触发电角度的区间称为移相范围。

⑤同步：要使整流输出电压稳定，则要求每个周期中触发延迟角 α 都相同，所以要求触发脉冲信号与电源电压在频率和相位上要协调配合，这种相互协调配合的关系，称为同步。

（2）定量分析。根据图3-2（d）所示的波形，整流输出电压平均值为

$$U_d = \frac{1}{2\pi}\int_{\alpha}^{\pi}\sqrt{2}U_2\sin\omega t \, d(\omega t) = \frac{\sqrt{2}U_2}{2\pi}(1 + \cos\alpha) = 0.45U_2\frac{1+\cos\alpha}{2} \quad (3-1)$$

当 $\alpha = 0$ 时，晶闸管全导通整流输出电压平均值最大，用 U_{do} 表示，$U_d = U_{do} = 0.45U_2$。随着 α 增大，U_d 减小；当 $\alpha = \pi$ 时，$U_d = 0$，该电路中晶闸管 VT 的移相范围为 $0° \sim 180°$。可见，调节 α 角即可控制 U_d 的大小。

2. 电感性负载

当负载的感抗 ωL 与电阻 R 相比不可忽略时，这种负载称为电感性负载。常见的电感有各类电机的励磁绕组、串接平波电抗器、电磁铁线圈等。整流电路带电感性负载时，工作情况与电阻性负载时不同，因为在电路中有电感存在，所以必须充分注意对电流的变化起阻碍作用，即流过电感的电流不能突变，当电感中的电流增加时，电感产生自感电动势将阻止电流增加，而当电感中电流减小时，自感电动势又将阻止电流的减小。

（1）工作原理及波形分析。带电感性负载的单相半波可控整流电路及工作波形如图3-3所示。

在电源正半周，晶闸管承受正向阳极电压，在 $\alpha = \omega t_1$ 时刻，触发晶闸管 VT 导通，负载侧立即出现直流电压 u_d，此时 $u_d = u_2$。但由于负载电感的存在使电流 i_d 不像电阻性负载一样发生突变，只能从零逐渐增加，如图3-3（e）所示。在 i_d 增加的过程中，电感 L 中自感

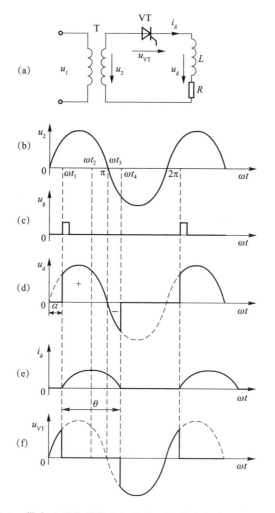

图 3-3 带电感性负载的单相半波可控整流电路及工作波形

电动势 e_L 的方向为上正下负，它力图阻止电流的增加，虽然此时 e_L 和 u_2 极性相反，但作用在晶闸管上的阳极电压 $u_2+e_L>0$，晶闸管导通。这时交流电网除电阻 R 所消耗的能量外，还要供给电感所吸收的磁场能量。在 ωt_2 时刻，i_d 达到最大值时，电流变化率为零，即 $L\dfrac{di}{dt}=0$。之后，i_d 电流从最大值开始减小，电感 L 中自感电动势 e_L 的方向变为上负下正，其极性有助于晶闸管导通，L 释放能量。释放的能量除消耗在电阻 R 上外，还通过变压器二次绕组送回电网。在 $\omega t=\pi$ 时刻，电源电压 $u_2=0$，但由于电感 L 中能量未释放完，还要继续释放，自感电动势极性为上负下正，作用在晶闸管上的阳极电压 u_2+e_L 仍然大于零，因此晶闸管仍然承受正向电压而继续维持导通，负载电流不等于零。

在 $\omega t_3 \sim \omega t_4$ 的范围内，电源电压过零变负，负载电流继续减小，自感电动势极性仍为上负下正，只要作用在晶闸管上的阳极电压 u_2+e_L 仍然大于零，晶闸管仍然导通。直至 L 中的能量释放完毕，电流降为零时（相当于 ωt_4 时刻），晶闸管关断。一旦晶闸管关断，立即承受反向电压，如图 3-3（f）所示。

在带电感性负载的电路中，电感的存在使晶闸管导通时间增加，导通角加大，不再是 $\pi-\alpha$。同时，由于晶闸管在 u_2 的负半周一段时间内还处于导通状态，因此整流电压波形中 u_d 出现负值，使输出直流电压平均值减小。

如果触发延迟角 α 大，导通延迟，电流正半周内提供给电感的储能少，维持晶闸管的导通能力差，导通角 θ 就小。如果负载阻抗 φ 大，说明负载电感 L 大，储能多，维持晶闸管导通能力强，则导通角 θ 大。当 ωL 比 R 大很多时，负载阻抗角 $\varphi \approx \pi/2$，u_d 波形中正、负面积接近相等，则输出电压平均值 $U_d \approx 0$，造成直流平均电压 $I_d = u_d/R$ 很小，负载上得不到所需的功率。

由以上分析可知，单相半波整流电路如不采取措施是不可能带大电感负载工作的，为了解决这个问题，通常是在整流电路的负载两端并联一个续流二极管 VD_R，如图 3-4 所示。

在图 3-4 电路中，在电源的正半周，晶闸管 VT 在 $\alpha = \omega t_1$ 时刻触发导通，有电流流过 VT、L、R，负载上电压 u_d 为电源电压 u_2，续流二极管 VD_R 因承受反向电压而关断，不影响电路工作。当电源电压过零变负后将引起 i_d 减小的趋势，由于电感 L 感应的自感电动势极性为上负下正，使续流二极管 VD_R 承受正向电压而导通，此时由 L 释放能量维持的负载电流 i_d 不经过晶闸管续流二极管 VD_R 续流导通。不考虑 VD_R 导通压降时，$u_d = 0$。在 VD_R 续流期间，负极性电源电压通过续流二极管 VD_R 全部施加在晶闸管上，晶闸管因承受反向电压关断。

由此可见，有了续流二极管后，电路输出电压波形及其平均值和电阻性负载时一样，只与触发延迟角有关，与电感 L 的大小无关。但 I_d 波形将有较大的不同，因为电感很大，流过负载的电流 I_d 不但连续，且基本上维持不变，电感越大，电流波形就越接近一条水平线，如图 3-4（d）所示。负载电流平均值 I_d 由晶闸管和续流二极管共同分担，流过它们的电流波形基本上是矩形波。

（2）基本数量关系。下面讨论单相半波可控整流电路带续流二极管、大电感负载时的基本数量关系。

与电阻性负载时相同，整流输出电压平均值 $U_d = 0.45 U_2 \left(\dfrac{1+\cos\alpha}{2} \right)$，所以，电路的移相范围仍为 $0° \sim 180°$。

从图 3-4（e）、（f）可知，若晶闸管触发延迟角为 α，则其导通角为 $\pi - \alpha$，续流二极管导通角为 $\pi + \alpha$，所以流过晶闸管的电流平均值 I_{dVT} 为

$$I_{dVT} = \frac{\pi - \alpha}{2\pi} I_d \tag{3-2}$$

流过续流二极管的电流平均值 I_{dVD_R} 为

$$I_{dVD_R} = \frac{\pi + \alpha}{2\pi} I_d \tag{3-3}$$

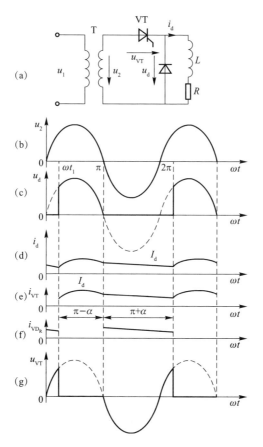

图 3-4 单相半波带电感性负载有续流
二极管的电路及波形

根据有效值的定义，流过晶闸管的电流有效值 I_{VT} 为

$$I_{VT} = \sqrt{\frac{1}{2\pi}\int_{\alpha}^{\pi}I_d^2 \mathrm{d}(\omega t)} = I_d\sqrt{\frac{\pi-\alpha}{2\pi}} \tag{3-4}$$

流过续流二极管的电流有效值 I_{VD_R} 为

$$I_{VD_R} = I_d\sqrt{\frac{\pi+\alpha}{2\pi}} \tag{3-5}$$

晶闸管可能承受的最大正、反向电压均为 $\sqrt{2}u_2$，续流二极管可能承受的最大反向电压也为 $\sqrt{2}u_2$。

当整流电路中接有大电感负载时，由于晶闸管触发导通的瞬间电流从零开始缓慢上升，因此如果触发脉冲宽度不够，有可能发生电流未上升到晶闸管的擎住电流，触发脉冲就已经消失的情况，从而使晶闸管在脉冲消失后又恢复正向阻断状态。所以，要求触发脉冲有足够的宽度。

单相半波可控整流电路的特点是简单、易调整，但输出的电流波形差，脉动频率低，脉动幅度大。但为了得到平稳的电流，相应所需的平波电抗器电感量很大。而且变压器二次绕组中通过含有直流分量的电流会使铁芯直流磁化而出现饱和，若为了使变压器铁芯不饱和，需要降低磁感应强度，或需加大铁芯截面面积，所以设备体积也大。因此，单相半波整流电路只适合容量小、质量轻及波形要求不高的场合。实际中已很少使用这种电路。

二、单相桥式全控整流电路

1. 电阻性负载

（1）工作原理及波形分析。带电阻性负载的单相桥式全控整流电路如图 3-5（a）所示。电路中，晶闸管 VT1、VT4 组成一对桥臂，晶闸管 VT2、VT3 组成另一对桥臂，晶闸管属于可控器件，变压器二次电压接在桥臂的中点，故此电路称为单相桥式全控整流电路。

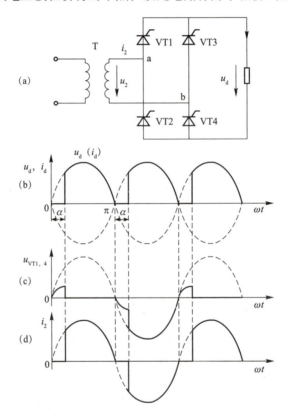

图 3-5　带电阻性负载的单相桥式全控整流电路及工作波形

在电源电压 u_2 正半周，a 点电位为正，b 点电位为负，VT1、VT4 同时承受正向电压，如果此时门极未加触发信号，则两晶闸管均处于正向阻断状态，电源电压 u_2 全部加在晶闸管上，若两管特性一致，则各承受一半电源电压，器件承受的电压如图 3-5（c）所示。在 $\omega t = \alpha$ 时刻，同时触发 VT1、VT4，则 VT1、VT4 立即导通，电流从电源途径 a→VT1→R→VT4→b 流通，负载两端的整流电压 u_d 和电源电压 u_2 相等，VT1、VT4 导通使 VT2、VT3 均承受反向阳极电压关断。当电源电压过零时，电流也降为零，VT1、VT4 阳极电流也下降到零而关断。

在电源电压 u_2 负半周，b 点电位为正，a 点电位为负，晶闸管 VT2、VT3 承受正向阳极电压。在 $\omega t = \pi + \alpha$ 时刻，触发 VT2、VT3，则 VT2、VT3 导通，电流从电源途径 b→VT3→R→VT2→a 流通。待 u_2 负半周结束时，电源电压为零，电流也降为零，VT2、VT4 阳极电流也降为零而关断。负半周期间，晶闸管 VT2、VT3 的导通使晶闸管 VT1、VT4 因承受反向阳极电压而截断。往后有重复循环。显然，VT1、VT4 和 VT2、VT3 两组器件触发脉冲在相位上应相差 180°，每对晶闸管导通角为 $\pi - \alpha$。

由于在交流电压的正、负半周期都能实现整流，所以电路为全波可控整流电路；又由于输出整流电压在一个周期内脉动两次，又称为双脉冲波整流电路。其输出整流电压脉动程度比半波要小。另外，在变压器二次绕组中，两个半周期的电流方向相反且波形对称，如图 3-5（d）所示，因而，不存在单相半波整流电路中的直流磁化现象，变压器绕组和铁芯利用率较高。

（2）基本数量关系。因为一个周期内有两个相同的波形，计算整流输出电压平均值时，在半个周期内求平均值即可，即

$$U_d = \frac{1}{\pi}\int_{\alpha}^{\pi} \sqrt{2}U_2 \sin\omega t \, d(\omega t) = 0.9 U_2 \frac{1 + \cos\alpha}{2} \tag{3-6}$$

其值是单相半波整流电路 U_d 的 2 倍。

当 $\alpha = 0°$ 时，晶闸管全导通（$\theta = \pi$），相当于不可控整流 $U_d = 0.9 U_2$；当 $\alpha = \pi$ 时，$U_d = 0$，故单相桥式全控整流电路带电阻性负载的移相范围是 0°～180°。

负载电流的平均值为

$$I_d = \frac{U_d}{R} = 0.9 \frac{U_2}{R}\left(\frac{1 + \cos\alpha}{2}\right) \tag{3-7}$$

由于晶闸管 VT1、VT4 和 VT2、VT3 在电路中轮流导通，所以流过每个晶闸管中的电流平均值为负载电流的一半，即

$$I_{dVT} = \frac{1}{2}i_d = 0.45 \frac{U_2}{R}\left(\frac{1 + \cos\alpha}{2}\right) \tag{3-8}$$

输出电流有效值，也是变压器二次电流有效值 I_2 为

$$I_2 = \sqrt{\frac{1}{\pi}\int_{\alpha}^{\pi}\left(\frac{\sqrt{2}U_2}{R}\sin\omega t\right)^2 d(\omega t)} = \frac{U_2}{\pi}\sqrt{\sin 2\alpha + \frac{\pi - \alpha}{\pi}} \tag{3-9}$$

流过晶闸管的电流有效值 I_{VT} 为

$$I_{VT} = \sqrt{\frac{1}{2\pi}\int_{\alpha}^{\pi}\left(\frac{\sqrt{2}U_2}{R}\sin\omega t\right)^2 d(\omega t)} = \frac{U_2}{\sqrt{2}R}\sqrt{\frac{1}{2\pi}\sin 2\alpha + \frac{\pi - \alpha}{\pi}} = \frac{I_2}{\sqrt{2}} \tag{3-10}$$

电路的功率因数为

$$\cos\varphi = \frac{P}{S} = \frac{UI_2}{U_2 I_2} = \sqrt{\frac{1}{2\pi}\sin 2\alpha + \frac{\pi - \alpha}{\pi}} \tag{3-11}$$

根据式（3-6）、式（3-7）、式（3-10）、式（3-11），将不同 α 时的 U_d/U_2、I_2/I_d 和 $\cos\varphi$ 数值列于表 3-1 中。

表 3-1 单相桥式全控桥整流电路的电压电流比及功率因数与触发延迟角的关系

触发延迟角 $\alpha/(°)$	0	30	60	90	120	150	180
U_d/U_2	0.9	0.84	0.676	0.45	0.226	0.06	0
I_2/I_d	1.11	1.17	1.33	1.57	1.97	2.82	—
$\cos\varphi$	1.00	0.987	0.898	0.707	0.427	0.170	0

整流输出的有功功率即负载的直流功率，在 $\alpha = 0°$ 时，整流输出的有功功率 $P = U_{do}I_{do}$。而变压器视在功率有一次侧视在功率 S_1 和二次侧视在功率 S_2 之分，此时 $U_{do} = 0.9U_2$，$I_2 = 1.11I_d$，因此，$S_2 = U_2I_2 = 1.23P$。假定变压器一次、二次绕组的匝数相等，i_2 正、负半周大小相等，是正弦电流，没有直流分量。若忽略励磁电流，则 $I_1 = I_2$，$U_1 = U_2$，$S_1 = S_2 = 1.23P$，此时变压器容量为

$$S_N = \frac{S_1 + S_2}{2} = 1.23P$$

2. 电感性负载

（1）工作原理及波形分析。单相桥式整流电路带电感性负载时的电路及工作波形如图 3-6 所示。这里假设负载电感足够大，即 $\omega L \gg R$，电路以处于正常工作的稳定状态，电流波形连续，其波形为一条水平线，大小为 I_d。

电源电压正 u_2 半周，在触发延迟角 $\alpha = \omega t_1$ 时刻，触发晶闸管 VT1、VT4 导通，电流从电源途径 a→VT1→R，L→VT4→b 流通，使晶闸管 VT2、VT4 承受反向阳极电压而关断，负载上电压 $u_d = u_2$。由于电感的存在使电路中的电流不能突变，电感起了平波的作用。

当 u_2 过零变负时，与电阻性负载不同，因电感中产生下正上负的自感电动势，它与 u_2 一起加在晶闸管上，只要 $|e_L| > |u_2|$，即使过零变负，也能保证施加在晶闸管上的阳极电压 $u_2 + e_L > 0$，将维持 VT1、VT4 导通。这样 u_d 波形中出现负值部分，此时晶闸管 VT2、VT3 也承受正向压降，但由于未加触发脉冲，所以处于正向阻断状态。到 $\omega t = \pi + \alpha$ 时刻，给 VT2、VT3 加触发脉冲，VT2、VT3 立即导通，电流从电源途径 b→VT2→R，L→VT3→a 流通，从而使 VT1、VT4 承受反向电压而关断。这样负载电流便从 VT1、VT4 转移到 VT2、VT3 上，称这个过程为换相。到下一周期又重复上述过程。

从图 3-6 可知，VT1、VT4 和 VT2、VT3 之间触发脉冲相位相差仍为 180°，每对晶闸管导通也为 180°。整流输出电压波形中出现正、负面积，并且随着触发延迟角 α 的增大，负面积也增大，当 $\alpha = 90°$ 时，正负面积相等，触发脉冲移相范围为 90°。当 $\alpha = 90°$ 时，晶闸管承受的最大正、反向电压均为 $\sqrt{2}u_2$，这是因为电流 I_d 波形连续，始终有一对晶闸管导通，从而将电源电压加在另一对未导通晶闸管上，使晶闸管在关断时承受了全部电源电压。

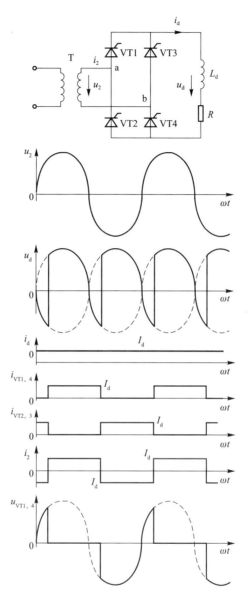

图 3-6　带电感性负载的单相桥式全控整流电路及工作波形

（2）基本数量关系。整流输出电压平均值为

$$U_{\mathrm{d}} = \frac{1}{\pi}\int_{\alpha}^{\pi+\alpha}\sqrt{2}U_{2}\sin\omega t\,\mathrm{d}(\omega t) = \frac{2\sqrt{2}U_{2}}{\pi}\cos\alpha = 0.9u_{2}\cos\alpha \tag{3-12}$$

由于电感是储能元件不消耗能量，其两端电压平均值为零，输出电流波形因电感很大而呈一水平线，使直流电流平均值 I_{d} 与有效值 I_2 相等，这个有效值也就是变压器二次电流有效值。I_{d} 的计算与电阻性负载时一样，即

$$I_{\mathrm{d}} = \frac{U_{\mathrm{d}}}{R} = 0.9\frac{U_2}{R}\cos\alpha \tag{3-13}$$

流过晶闸管的电流有效值为

$$I_{VT} = \sqrt{\frac{1}{2\pi}\int_{\alpha}^{\pi+\alpha}I_d^2 d(\omega t)} = \frac{1}{\sqrt{2}}I_d \qquad (3\text{-}14)$$

如果负载回路中电感量不够大，电感中储存的能量不足以维持电流导通到 $\pi+\alpha$，负载电流将不连续，其波形如图 3-7 所示。此时，输出电压平均值为

$$U_d = \frac{1}{\pi}\int_{\alpha}^{\alpha+\pi}\sqrt{2}U_2 \sin\omega t d(\omega t) = \frac{\sqrt{2}U_2}{\pi}[\cos\alpha - \cos(\alpha+\theta)] \qquad (3\text{-}15)$$

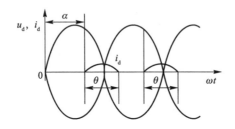

图 3-7　电感较小时整流电压和电流的波形

从上面的分析可知，单相桥式全控整流电路带电感性负载工作时由于 U_d 波形中出现负值部分，从而使整流输出直流电压平均值 U_d 减小。欲提高 U_d 值，必须将 U_d 波形中的负值部分去掉，为此，可采用与单相半波可控整流电路相同的方法，在负载两端并联二极管 VD_R，如图 3-8 所示。

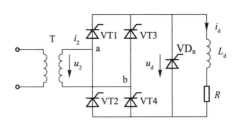

图 3-8　带续流二极管的单相桥式全控整流电路

3. 反电动势负载

在工业生产中，常常遇到正在充电的蓄电池和正在运行的直流电动机电枢之类负载时，由于负载本身具有一定的直流电动势，对于可控整流电路而言是一种反电动势性质负载。在分析带反电动势负载的可控整流电路时，必须充分注意晶闸管的导通条件，只有当在变压器二次电压 u_2 的值大于负载电动势 E 时，整流桥中晶闸管才承受正向阳极电压而可能被触发导通，电路才有直流电流 i_d 流出。

图 3-9 所示为带反电动势电阻负载的单相桥式全控整流电路及工作波形。由于反电动势的存在，只有在变压器二次电压 u_2 的绝对值大于反电动势值时，晶闸管才有可能被触发导通，也才有电流 i_d 输出，这样就使晶闸管导电的时间缩短了。对于窄脉冲触发电路来说，有一个最小触发延迟角 α_{min} 的限制，若触发延迟角 $\alpha < \alpha_{min}$，因电源电压值小于反电动势，

晶闸管不能导通。在 $\omega t = \omega t_1$ 时刻，触发 VT1、VT4，此时电源电压 u_2 大于反电动势 E，VT1、VT4 导通，电源电压加于反电动势阻性负载上，$u_d = u_2$，负载电流 $i_d = (u_2 - E)/R$。当电源电压 u_2 正半周下降至等于 E 时，负载电流 $i_d = 0$，负载电流断续，VT1、VT4 停止导通。在 VT1、VT4 关断时，因此在相同的 α 角下，带反电动势负载时整流输出电压较电阻负载时要大。

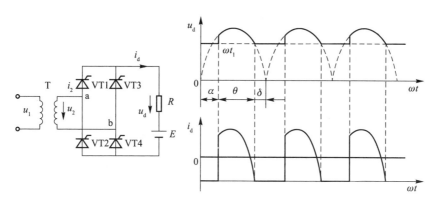

图 3-9 带反电动势电阻负载的单相桥式全控整流电路及工作波形

从 VT1、VT4 停止导电到 $\omega t = \pi$ 时刻的这段时间所对应的电角度通常称为停止导电角，用 δ 表示。如果变压器二次电压的峰值为 $\sqrt{2}\,U_2$，反电动势大小为 E，则停止导电角 δ 可求出为

$$\delta = \arcsin \frac{E}{\sqrt{2}\,U_2}$$

同样

$$\alpha_{\min} = \delta = \arcsin \frac{E}{\sqrt{2}\,U_2}$$

晶闸管的导电角为

$$\theta = \pi - \alpha - \delta$$

整流输出电压平均值为

$$U_d = E + \frac{1}{\pi} \int_\alpha^{\pi-\delta} (\sqrt{2}\,U_2 \sin\omega t - E)\,d(\omega t) \tag{3-16}$$

对于宽脉冲触发电路，当触发延迟角 $\alpha < \delta$ 时，$u_2 < E$，晶闸管承受反向阳极电压不能导通，一直要等到 $\omega t = \delta$、$u_2 = E$ 后，晶闸管承受反向阳极电压时才能触发导通；导通后晶闸管一直工作到 $u_2 = E$ 的 $\omega t = \pi - \delta$ 处为止。可见，反电动势 E 越大，导通角 θ 越小。

电阻、反电动势负载下出现负载电流 $i_d = 0$，电流是断续的。电流断续对电池充电工作影响不大，但用于直流电动机电枢绕组供电将带来一系列问题，如电动机的机械特性变软，若电流大则直流电动机的换相困难等。为了克服这个缺点，一般在反电动势负载回路中串联一个平波电抗器。

如果单相桥式全控整流电路带反电动势负载，电感足够大，可维持负载电流连续且基本上为一条水平线，则电路的工作情况与带电感负载的情况相同，只是负载电流平均值为

$$I_d = \frac{U_d - E}{R}$$

为保证电流连续,所需的电感量 L 可由下式求出:

$$L = \frac{2\sqrt{2} U_2}{\pi \omega I_{dmin}} = 2.87 \times 10^{-3} \frac{U_2}{I_{dmin}}$$

三、单相桥式半控整流电路

单相桥式全控整流电路中是采用两个晶闸管同时导通来限定电流流通的路径的,如果电路仅工作于整流状态,则可将电路中两个晶闸管换成大功率二极管,这样就组成了半控桥式整流电路。与全控整流电路相比,半控桥式整流电路因为减少了晶闸管,使控制更为简单。

1. 电阻性负载

图 3-10 所示为单相桥式半控整流电路带电阻性负载的电路。与图 3-5 不同的是,电路中将晶闸管 VT2、VT4 换成了 VD2、VD4。

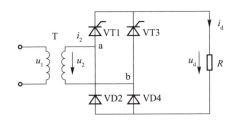

图 3-10 带电阻性负载的单相桥式半控整流电路

电阻性负载时单相桥式半控整流电路的工作情况与单相桥式全控整流电路的工作情况几乎完全相同,其 u_d、i_d 波形及 U_d、I_d、I_{VT} 等电量的计算均与单相桥式全控整流电路相同。唯一不同之处是 u_{VT} 的波形,由于二极管不能承受正向电压,所以在 $0 \sim \alpha$、$\pi \sim \pi + \alpha$ 期间,晶闸管未导通处于正向阻断状态时,其上承受的正向电压是 u_2,而不是单相桥式全控整流电路的 $u_2/2$。

2. 电感性负载

(1) 工作原理及波形。图 3-11 所示为电感性负载的单相桥式半控整流电路及工作波形。图中设定负载电感足够大,从而使负载电流连续且为一水平线。

在图 3-11 中,半控整流电路中两个二极管为共阳极接法,阴极低的管子先导通,电路的工作特点是晶闸管触发导通,整流二极管自然导通。下面分析电路的工作过程。

电源电压 u_2 的正半周,在 $\omega t = \alpha$ 时刻,触发晶闸管 VT1,VT1 导通,电流从电源出来途经 a→VT1→负载→VD4→b 流回电源,负载电压;当 $\omega t = \alpha$ 时刻,电源电压 u_2 经零变负,由于电感的存在,VT1 将继续导通,此时 a 点电位较 b 点电位低,二极管自然换相,从 VD4 换至 VD2,这样电流不再经过变压器绕组由 VT1、VD2 续流,忽略器件导通压降,$u_d = 0$,不会出现负电压。

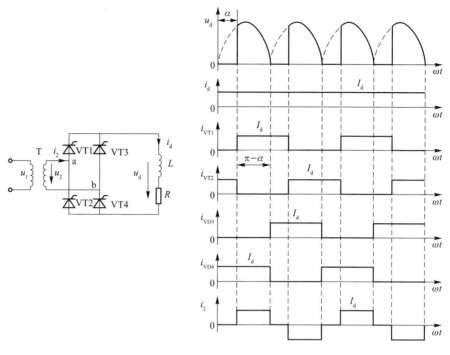

图 3-11 带电感性负载的单相桥式半控整流电路及工作波形

电源电压 u_2 负半周，在 $\omega t = \pi + \alpha$ 时刻，触发晶闸管 VT3，VT3 导通，使 VT1 承受反向电压关断，电源通过 VT3 和 VD2 又向负载供电，$u_d = -u_2$。u_2 从负半周过零变正时，电流从 VD2 换相至 VT1、VD4，电感通过 VT3、VD4 续流，u_d 又为零。以后，VT1 再次触发导通，重复以上过程。

由以上分析可知，电感性负载与电阻性负载时输出电压 u_d 的波形的完全相同。晶闸管的电流在一周内各占一半，其换相时刻由门极触发脉冲决定；而二极管 VD2、VD4 的导通与关断仅由电源电压决定，在 $\omega t = n\pi$ 处换相。所以，单相桥式半控整流电路带感性负载时各器件导通均为 180°，电源在 $(0 \sim \alpha)$、$(\pi \sim \pi + \alpha)$ 区间内停止对负载供电。

在此电路中，如果在正常运行的情况下，突然将触发脉冲切断或者从 α 角增大到 180°就会产生"失控"现象，可以在负载侧并联一个续流二极管 VD_R，使负载电流通过 VD_R 续流，而不再经过 VT1、VD4 或 VT3、VD2，这样可使晶闸管恢复阻断能力。带续流二极管的单相桥式半控整流电路及工作波形如图 3-12 所示。

（2）基本数量关系。实际中使用的电路均是带续流二极管的电路，下面讨论这种电路中的基本数量关系。

与电阻性负载时完全相同，输出直流电压平均值为

$$U_d = \frac{1}{\pi}\int_\alpha^\pi \sqrt{2}\sin\omega t\, d(\omega t) = 0.9\left(\frac{1+\cos\alpha}{2}\right) \tag{3-17}$$

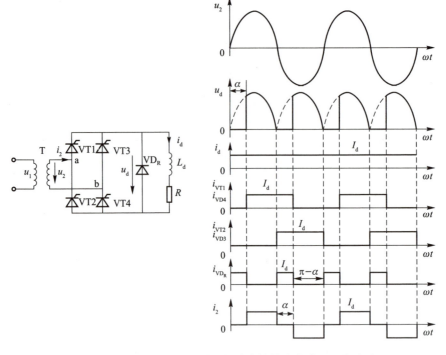

图 3-12 带续流二极管的单相桥式半控整流电路及工作波形

负载平均电流值为

$$I_d = \frac{U_d}{R} = 0.9\frac{U_2}{R}\left(\frac{1+\cos\alpha}{2}\right) \tag{3-18}$$

晶闸管和整流管的电流有效值为

$$I_{VT} = I_{VD} = \sqrt{\frac{\pi-\alpha}{2\pi}}I_d \tag{3-19}$$

晶闸管和整流管的电流有效值为

$$I_{dVT} = I_{dVD} = \frac{\pi-\alpha}{2\pi}I_d \tag{3-20}$$

续流二极管电流有效值为

$$I_{VD_R} = \sqrt{\frac{\alpha}{\pi}}I_d \tag{3-21}$$

电流平均值为

$$I_{dVD_R} = \frac{\alpha}{\pi}I_d \tag{3-22}$$

变压器二次电流有效值为

$$I_2 = \sqrt{\frac{\pi-\alpha}{\pi}}I_d = \sqrt{2}I_{VT} \tag{3-23}$$

第三节 三相可控整流电路

单相可控整流电路的整流电压脉动大,脉动频率低,因此,当整流负载容量较大,或要求直流电压脉动较小、易滤波时,应采用三相整流电路,其交流侧由三相电源供电。在三相可控整流电路中,最基本的是三相半波可控整流电路,应用最广泛的是三相桥式全控整流电路、双反星形可控整流电路及十二脉波可控整流电路等,均可在三相半波的基础上进行分析。

一、三相半波可控整流电路

1. 电阻性负载

三相半波可控整流电路如图3-13(a)所示。为了使负载电流 I_d 能够流通,整流变压器二次绕组必须连接成星形,而一次侧一般连接成三角形,使其3次谐波可以通过,避免3次谐波流入电网。三个晶闸管采用共阴极接法,分别接入a、b、c三相电源,这种接法触发电路有公共端,连线方便。

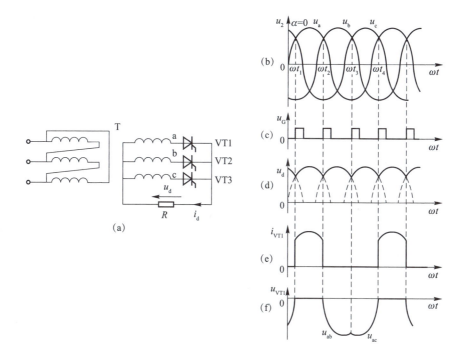

图3-13 三相半波可控整流电路共阴极接法电阻负载时的电路及 $\alpha=0°$ 时的波形

假设将电路中的晶闸管 VT 换作二极管,并用 VD 表示,该电路就成为三相半波不可控整流电路。由于三个二极管共阴极连接,所以任何时刻三个二极管中均是阳极电压高的管子导通,即对应相电压中那一个最大值,则该相所对应的二极管导通,并使其余两相的二极管承受反压关断，输出整流电压即为该相的相电压，波形如图 3-13（d）所示。在一个周期中，器件工作情况如下：$\omega t_1 \sim \omega t_2$ 期间，a 相电压最高，VD1 导通，$u_d = u_a$；在 $\omega t_2 \sim \omega t_3$ 期间，b 相电压最高，VD2 导通，$u_d = u_b$；在 $\omega t_3 \sim \omega t_4$ 期间，c 相电压最高，VD3 导通，$u_d = u_c$。此后，在下一周期相当于 ωt_1 的位置即 ωt_4 时刻，VD1 又导通，重复前一周期的工作情况。如此，一周期中 VD1、VD2、VD3 轮流导通，每管各导通 120°。u_d 波形为三个相电压在正半周期的包络线。

在相电压的交点 ωt_1、ωt_2、ωt_3 处，均出现了二极管换相，称这些交点为自然换相点。对于三相半波可控整流电路而言，自然换相点是各晶闸管触发导通的最早时刻，将其作为计算各晶闸管触发延迟角 α 的起点，即 $\alpha = 0°$。所以，$\alpha = 0°$ 对应在各相电压过零后 30° 的时刻，要改变触发延迟角只能是在此基础上增大它，即沿时间坐标轴向右移。若在自然换相点触发相应的晶闸管导通，则电路的工作情况与以上分析的二极管整流工作情况一样。回顾单相可控整流电路可知，各种单相可控整流电路的自然换相点是变压器二次电压 u_2 的过零点。

当 $\alpha = 0°$ 时，变压器二次侧 a 相绕组和流过晶闸管 VT1 的电流波形如图 3-13（e）所示，另两相波形形状相同，相位依次滞后 120°。由于是电阻性负载，电流波形和电压波形形状一致，变压器二次侧各相绕组中电流与各相晶闸管流过的电流相同，每周期只有单方向电流流过，可见变压器二次绕组电流有直流分量，会出现直流磁化问题。

对于每个晶闸管承受的电压，以 VT1 为例，图 3-13（f）是 VT1 的电压波形，由三段组成：第一段，即 $\omega t_1 \sim \omega t_2$ 段，VT1 导通期间，为一段管压降，可近似为 $u_{VT1} = 0$；第二段，即 $\omega t_2 \sim \omega t_3$ 段，在 VT1 关断后，VT2 触发导通，$u_{VT1} = u_a - u_b = u_{ab}$，为一段线电压；第三段，即 $\omega t_3 \sim \omega t_4$ 段，在 VT2 关断后，在 VT3 触发导通期间，$u_{VT1} = u_a - u_c = u_{ac}$，为另一段线电压。两段线电压（反向电压）均为负值，随着 α 增大，晶闸管承受的电压中正的部分逐渐增多。其他两管上电压波形形状相同，相位依次差 120°。

增大 α 值，将脉冲后移，整流电路的工作情况将相应地发生变化。

图 3-14 所示是 $\alpha = 30°$ 时的波形。从输出电压、电流的波形可以看出，这时负值电流处于连续和断续的临界状态，各相仍导电 120°，晶闸管 VT1 已有一段时间承受正向电压。

如果 $\alpha > 30°$，如 $\alpha = 60°$ 时，整流电压的波形如图 3-15 所示，当导通相的相电压过零变负时，因此输出电压、电流均为零，直到触发脉冲出现为止。这种情况下，负载电流断续，各晶闸管导通角为 $150° - \alpha = 90°$，小于 120°。

若 α 角继续增大，整流电压将越来越小，当 $\alpha \geq 150°$ 时，晶闸管获得触发脉冲，其承受的正向电压已不大于零，不可能导通，故整流输出电压为零。因此，电阻负载时，移相范围为 $0° \sim 150°$。

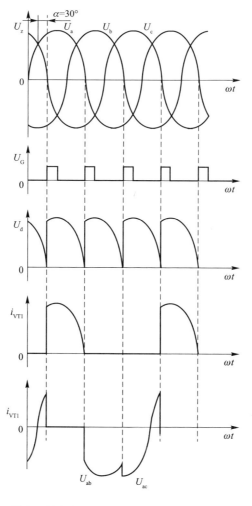

图 3-14 带电阻性负载三相半波可控整流电路 $\alpha = 30°$ 时的波形

整流电压平均值的计算分以下两种情况:

(1) $\alpha \leqslant 30°$ 时,负载电流连续,有

$$U_d = \frac{1}{\frac{2\pi}{3}} \int_{\frac{\pi}{6}+\alpha}^{\frac{5\pi}{6}+\alpha} \sqrt{2} U_2 \sin\omega t \, d(\omega t) = \frac{3\sqrt{6}}{2\pi} U_2 \cos\alpha = 1.17 U_2 \cos\alpha \tag{3-24}$$

当 $\alpha = 0°$ 时,U_d 最大,为 $U_d = U_{d0} = 1.17 U_2$。

(2) $\alpha > 30°$ 时,负载电流连续,晶闸管导通角减小,此时有

$$U_d = \frac{1}{\frac{2\pi}{3}} \int_{\frac{\pi}{6}+\alpha}^{\pi} \sqrt{2} U_2 \sin\omega t \, d(\omega t) = \frac{3\sqrt{2}}{2\pi} U_2 \left[1 + \cos\left(\frac{\pi}{6} + \alpha\right) \right] = 0.675 U_2 \left[1 + \cos\left(\frac{\pi}{6} + \alpha\right) \right]$$

$$\tag{3-25}$$

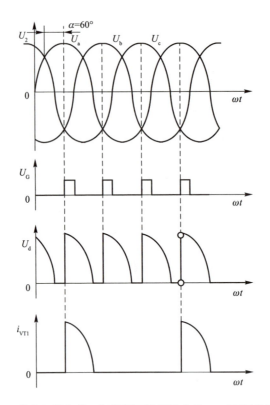

图 3-15　带电阻性负载三相半波可控整流电路 $\alpha=60°$ 时的波形图

U_d/u_2 随 α 变化的规律如图 3-16 中的曲线 1 所示。负载电流平均值为

$$I_d = \frac{U_d}{R}$$

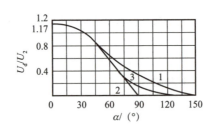

图 3-16　三相半波可控整流电路 U_d/U_2 与 α 的关系

1—电阻性负载；2—电感性负载；3—电阻电感负载

电流连续时，整流变压器二次侧各相绕组电流有效值为

$$I_2 = \sqrt{\frac{1}{2\pi}\int_{\frac{\pi}{6}+\alpha}^{\frac{5\pi}{6}+\alpha}\left(\frac{\sqrt{2}U_2}{R}\sin\omega t\right)^2 d(\omega t)} = \frac{U_2}{R}\sqrt{\frac{1}{3}+\frac{\sqrt{3}}{4\pi}\cos 2\alpha} \tag{3-26}$$

电流断续时，上述有效值为

$$I_2 = \sqrt{\frac{1}{2\pi}\int_{\frac{\pi}{6}+\alpha}^{\frac{\pi}{6}+\alpha}\left(\frac{\sqrt{2}U_2}{R}\sin\omega t\right)^2 d(\omega t)} = \frac{U_2}{R}\sqrt{\frac{5}{12}-\frac{\alpha}{2\pi}+\frac{\sqrt{3}}{8\pi}\cos2\alpha+\frac{1}{8\pi}\sin2\alpha} \quad (3\text{-}27)$$

由图 3-13 不难看出，晶闸管承受的最大反向电压为变压器二次侧线电压峰值，即

$$U_{RM} = \sqrt{2}\times\sqrt{3}U_2 = \sqrt{6}U_2 = 2.45U_2 \quad (3\text{-}28)$$

由于晶闸管阴极与零点之间的电压即整流输出的电压，其最小值为零，而晶闸管阳极与零点间的最高电压等于变压器二次相电压的峰值，因此晶闸管阳极与阴极间的最大电压等于变压器二次相电压的峰值，即

$$U_{FM} = \sqrt{2}U_2 \quad (3\text{-}29)$$

2. 阻感性负载

如果负载为阻感负载，这里假设负载电感足够大，即 $\omega L \gg R$，如图 3-17 所示，整流电流 i_d 连续且波形基本是平直的，流过晶闸管的电流接近矩形波。

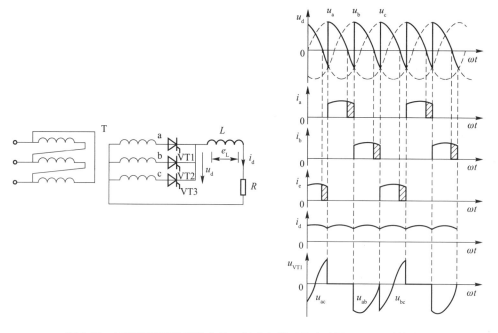

图 3-17 三相半波可控整流电路，阻感负载时的电路及 $\alpha = 60°$ 时的波形

当 $\alpha \leq 30°$ 时，整流电压波形与电阻负载时相同，因为两种负载情况下，负载电流均连续。

当 $\alpha > 30°$ 时，由于回路中负载 L 很大，它产生的自感电动势阻止电流下降，使晶闸管在电源电压由零变负时仍承受正向阳极电压而导通。例如，$\alpha = 60°$ 时的波形如图 3-17 所示，当 u_2 过零时，由于电感的存在，阻止电流下降，因而 VT1 继续导通，直到下一相晶闸管 VT2 的触发脉冲到来，才发生换流，由 VT2 导通向负载供电，同时向 VT1 施加反压使其关断。这种情况下 u_d 波形中出现负的部分，若 α 增大，u_d 波形中负的部分将增多，至 $\alpha = 90°$ 时，u_d 波形中正负面积相等，u_d 的平均值为零。可见阻感负载时的移相范围为 $0° \sim 90°$。

由于负载电流连续，U_d 可由式（3-24）求出，即
$$U_d = 1.17U_2\cos\alpha$$

U_d/U_2 与 α 成余弦关系，如图 3-16 中的曲线 2 所示。如果负载中的电感量不是很大，则当 $\alpha > 30°$ 后，与电感量足够大的情况相比较，u_d 中负的部分可能减小，整流电压平均值 u_d 略为增加，U_d/U_2 与 α 的关系降介于图 3-16 中的曲线 1 和曲线 2 之间。曲线 3 即给出了这种情况的一个例子。

负载电流平均值为
$$I_d = \frac{U_d}{R} = \frac{1.17U_2}{R}\cos\alpha$$

变压器二次电流即晶闸管的额定电流为
$$I_2 = I_{VT} = \sqrt{120°/360°}\,I_d = \frac{1}{\sqrt{3}}I_d = 0.577I_d \quad (3\text{-}30)$$

由此可求出晶闸管的额定电流为
$$I_{VT(AV)} = \frac{I_d}{1.57} = 0.368 I_{VT} \quad (3\text{-}31)$$

晶闸管两端电压波形如图 3-17 所示。由于负载电流连续，晶闸管最大正反向电压峰值均为变压器二次线电压峰值，即
$$U_{FM} = U_{RM} = 2.45U_2 \quad (3\text{-}32)$$

图 3-17 中所给 i_d 波形有一定的脉动，与分析单相整流电路电感性感负载时（图 3-6）的 i_d 波形有所不同。这是电路工作的实际情况，因为负载中电感量不可能也不必非常大，往往只要能保证负载电流连续即可，这样 i_d 近似为一条水平线，这样的近似对分析和计算的准确性并不产生很多影响。

三相半波可控整流电路的主要缺点在于变压器二次电流中含有直流分量，使变压器铁芯直流磁化并产生较大的漏磁通，引起附加损耗，因此应用较少。

二、三相桥式全控整流电路

在工业中应用最为广泛的是三相桥式全控整流电路，如图 3-18（b）所示。其实质是一组共阴极与一组共阳极的三相半波可控整流电路的串联，原理如图 3-18（a）所示。习惯将其中阴极接在一起的三个晶闸管（VT1、VT3、VT5）称为共阴极组；阳极连接在一起的三个晶闸管（VT4、VT6、VT2）称为共阳极组。

三相整流变压器采用 Dy 连接，由于共阳极组在电源正半周导通，流经变压器二次绕组的是正向电流，共阴极组在电源负半周导通，流经变压器二次绕组的是反向电流，因此，一个周期中，变压器绕组中没有了直流磁动势，有利于减小变压器磁通、电动势中的谐波。另外，习惯上希望晶闸管按从 1~6 的顺序导通，为此降晶闸管按图示的顺序编号，即共阴极组中与 a、b、c 三相电源相接的三个晶闸管分别为 VT1、VT3、VT5，共阳极组中与 a、b、c 三相电源相接的三个晶闸管分别为 VT4、VT6、VT2。

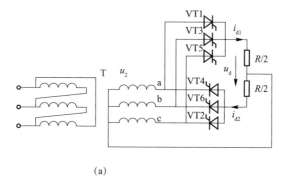

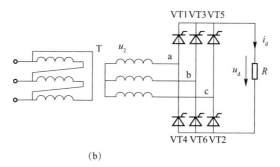

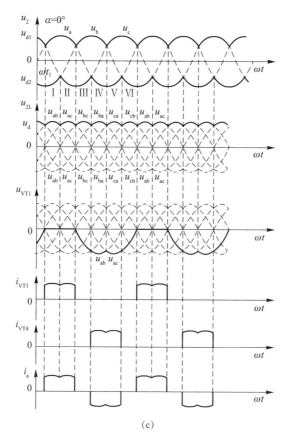

图 3-18 三相桥式全控整流电路带电阻负载 $\alpha=0°$ 时的波形

1. 带电阻负载时的工作情况

可以采用与分析三相半波可控整流电路时类似的方法，假设将电路中的晶闸管换做二极管，这种情况也就相当于晶闸管触发延迟角 $\alpha=0°$ 时的情况。此时，对于共阴极组的三个晶闸管，其阳极所接交流电压值最高的一个导通。而对于共阳极组的三个晶闸管，则是阴极所接交流电压值最低（或者说负得最多）的一个导通。这样，任意时刻共阳极组和共阴极组中各有一个晶闸管处于导通状态，施加于负载上的电压为某一线电压。此时电路工作波形如图 3-18（c）所示。

当 $\alpha=0°$ 时，各晶闸管均在自然换相点处换相，相当于二极管工作状态。当然，换相只能在同组晶闸管之间进行。由图 3-18（c）中变压器二次绕组相电压与线电压波形的对应关系看出，各自换相点既是相电压的交点，同时，也是线电压的交点。在分析 u_d 的波形时，既可以从相电压波形分析，也可以从线电压波形分析。为了分析方便，如图 3-18（c）将一个周期波形按照换相点等分为六段，每段 60°。

在Ⅰ段内，a 相电压 u_a 最高，共阴极组晶闸管 VT1 被触发导通；b 相电压 u_b 最低，共阳极组晶闸管 VT6 被触发导通；直流电流途经 a→VT1→R→VT6→b 流通，变压器二次侧 a、b 两相工作，加在负载上的直流电压 $u_d = u_a - u_b = u_{ab}$，即 a、b 间线电压。完成六个区间的一个周期后，以后的周期就重复以上过程。

从相电压波形看，共阴极组晶闸管导通时，以变压器二次侧的中性点 n 为参考点，整流输出电压 u_{d1} 为相电压在正半周的包络线；共阳极组晶闸管导通时，整流输出电压 u_{d2} 为相电压在负半周的包络线，总的整流输出电压 $u_d = u_{d1} - u_{d2}$，是两条包络线间的差值，将其对应到线电压波形上，即线电压在正半周的包络线。

直接从线电压波形看，由于共阴极组中处于通态的晶闸管对应的是最大的相电压，而共阳极组中处于通态的晶闸管对应的是最小的相电压，输出整流电压 u_d 为这两个相电压相减，是线电压中最大的一个，因此，输出整流电压 u_d 波形为线电压在正半周期的包络线。

每一段中导通的晶闸管及输出整流电压的情况见表 3-2。由该表可见，六个晶闸管的导通顺序为 VT1 – VT2 – VT3 – VT4 – VT5 – VT6。

表 3-2　三相桥式全控整流电路电阻负载 $\alpha=0°$ 时晶闸管工作情况

时段	Ⅰ	Ⅱ	Ⅲ	Ⅳ	Ⅴ	Ⅵ
共阴极组中导通的晶闸管管	VT1	VT1	VT3	VT3	VT5	VT5
共阳极组中导通的晶闸管	VT6	VT2	VT2	VT4	VT4	VT6
整流输出电压	$u_a - u_b = u_{ab}$	$u_a - u_c = u_{ac}$	$u_b - u_c = u_{bc}$	$u_b - u_a = u_{ba}$	$u_c - u_a = u_{ca}$	$u_c - u_b = u_{cb}$

从触发延迟角 $\alpha=0°$ 时的情况可以总结出，三相桥式全控整流电路的特点如下：

（1）每个时刻均需两个晶闸管同时导通，形成向负载供电的回路，其中一个晶闸管是共阴极组的，另一个是共阳极组的，且不能为同一相的晶闸管。

（2）对触发脉冲的要求：六个晶闸管的脉冲按 VT1、VT2、VT3、VT4、VT5、VT6 的顺序，相位依次差 60°；共阴极组 VT1、VT3、VT5 的脉冲一次差 120°，共阳极组 VT4、VT6、VT2 也依次差 120°；同一相的上、下两个桥臂，即 VT1 与 VT4、VT3 与 VT6、VT5 与 VT2，脉冲相差 180°。

（3）整流输出电压 u_d 一周期脉动六次，每次脉动的波形都一样，故该电路为六脉整流电路。脉动频率为 6 倍电源频率，比三相半波大一倍。

（4）在整流电路合闸起动过程中或电流断续时，为确保电路的正常工作，需保证同时导通的两个晶闸管均有脉冲。为此，可采用两种方法：一种方法是脉冲宽大于 60°（一般取 80°~100°），称为宽脉冲触发；另一种方法是在触发某个晶闸管的同时，给前一个晶闸管补发脉冲，即用两个窄脉冲代替宽脉冲，两个窄脉冲的前沿相差 60°，脉冲宽度一般为 20°~30°，称为双脉冲触发。双脉冲电路较复杂，但要求的触发电路输出功率小。脉冲触发电路虽可少输出一半脉冲，但为了不使脉冲变压器饱和，需将铁芯体积做到较大，绕组匝数较多，导致漏感增大，脉冲前沿不够陡，对于晶闸管串联使用不利。虽可用去磁绕组改善这种情况，但又使触发电路复杂化。因此，常用的是双脉冲触发。

（5）当 $\alpha=0°$ 时，晶闸管承受的电压波形如图 3-18 所示。图中仅给出 VT1 的电压波形。将此波形与三相半波时图 3-13 中的 VT1 电压波形比较可见，两者是相同的，晶闸管承受最大正、反向电压的关系也与三相半波时一样。

图 3-18 还给出了晶闸管 VT1 流过电流 i_{VT1} 的波形，由此波形可以看出，晶闸管一周期中有 120°处于通态，240°处于断态，由于负载为电阻，故晶闸管处于通态时的电流波形与相应时段的 u_d 波形相同。

若改变触发延迟角 α，当 $0°<\alpha\le 60°$ 时，则电路的工作情况将发生变化。图 3-19、图 3-20 分别给出了 $\alpha=30°$、$\alpha=60°$ 时的波形。$\alpha>0°$ 后，每个晶闸管的触发脉冲将延迟到距离各自的自然换相点 α 角处出现，使各晶闸管在距离自然换相点 α 处才发生换相。正是由于晶闸管门极的可控特性才保证了晶闸管具有正向阻断能力，实现整流电路的可控性。需要注意的是，这时分段的时候不是以自然换相点为分界点，而是以每相晶闸管触发脉冲到来的时刻，即自然换相点后 α 处为界来划分。从 α 角开始把一个周期划分为六段，每段仍为 60°。与 $\alpha=0°$ 时的情况相比，一周期中 u_d 波形仍由六段线电压构成，每一段导通晶闸管的编号等仍符合表 3-2 所列的规律。区别在于，晶闸管起始导通时刻推迟了 α，组成 u_d 的每一段线电压因此推迟 α，u_d 平均值降低，晶闸管电压波形也相应发生了变化。图 3-19、图 3-20 中同时给出了变压器二次侧 a 相电流 i_a 的波形，该波形的特点是，在 VT1 处于通态的 120°期间，i_a 为正，i_a 波形的形状与同时段的 u_d 波形相同，在 VT4 处于通态的 120°期间，i_a 波形的形状也与同时段的 u_d 波形相同，但为负值。

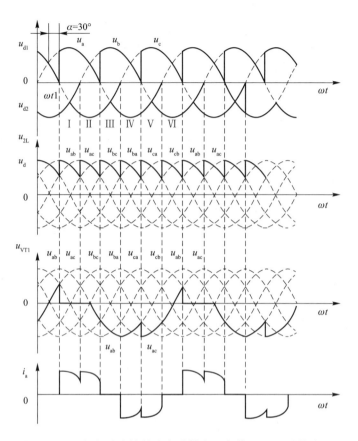

图 3-19 三相桥式全控整流电路带电阻负载 $\alpha=30°$ 时的波形

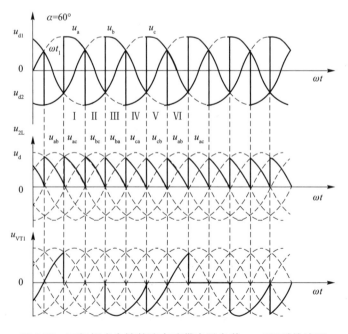

图 3-20 三相桥式全控整流电路带电阻负载 $\alpha=60°$ 时的波形

从图 3-20 中还可看出，当 $\alpha = 60°$ 时，u_d 出现了为零的点。

由以上分析可见，当 $\alpha \leq 60°$ 时，u_d 波形均连续，对于电阻负载，i_d 波形与 u_d 波形的形状是一样的，也连续。

当 $\alpha > 60°$ 时，如 $\alpha = 90°$ 时，电阻负载情况下的工作波形如图 3-21 所示，此时 u_d 波形每 60°中有 30°为零，这是因为电阻负载时 i_d 波形与 u_d 波形一致，一旦 u_d 降至零，i_d 也降至零，流过晶闸管的电流即降至零，晶闸管关断。u_d 为零，因此 u_d 波形不能出现负值。图 3-21 还给出了晶闸管电流 i_{VT1} 和变压器二次侧 a 相电流 i_a 波形。

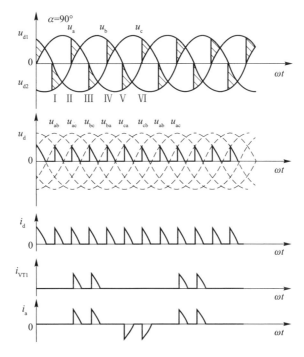

图 3-21 三相桥式全控整流电路带电阻负载 $\alpha = 90°$ 时的波形

如果 α 角继续增大至 120°，整流输出电压 u_d 波形全为零，其平均值也为零，可见带电阻负载时三相桥式全控整流电路 α 角的移相范围是 0°~120°。

2. 阻感负载时的工作情况

三相全控桥式整流电路大多用于向阻感负载和反电动势阻感负载供电（即用于直流电动机传动），下面主要分析阻感负载时的情况。分析中假定 $\omega L \gg R$ 为大电感负载，负载电流 i_d 平直。对于带反电动势阻感负载的情况，只需在阻感负载的基础上掌握其特点，即可把握其工作情况。

当 0°< $\alpha \leq 60°$ 时，α 波形连续，电路的工作情况与带电阻负载时十分相似，各晶闸管的通断情况、输出整流电压 u_d 波形、晶闸管承受的电压波形等都一样。在 $\alpha = 60°$ 时，u_d 也出现瞬时值为零的点。区别在于由于负载不同，同样的整流输出电压加到负载上，得到的负载电感的作用使 i_d 波形不同。电阻负载时 i_d 波形与 u_d 波形形状一样；而阻感负载时，由于

$\omega L \gg R$,电感的作用使 i_d 的波形可近似为一条水平线。图 3-22 和图 3-23 分别给出了三相桥式全控整流电路带阻感负载 $\alpha=0°$ 和 $\alpha=30°$ 时的波形。

图 3-22 中除给出 u_d 波形和 i_d 波形外,还给出了晶闸管 VT1 电流 i_{VT1} 的波形,可与图 3-18 带电阻负载时的情况进行比较。由波形图可见,在晶闸管 VT1 导通段,i_{VT1} 波形由负载电流 i_d 波形决定。

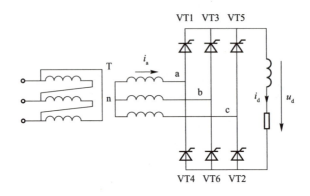

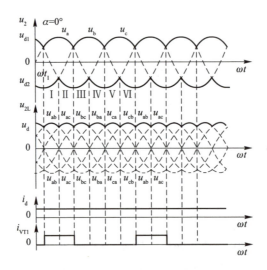

图 3-22 三相桥式全控整流电路带阻感负载 $\alpha=0°$ 时的波形

图 3-23 中除给出 u_d 波形和 i_d 波形外,还给出了变压器二次侧 a 相电流 i_a 的波形,可与图 3-19 带电阻负载时的情况进行比较。

当 $\alpha>60°$ 后,阻感负载时的工作情况与电阻负载时不同。由于线电压瞬时值将过零变负,此时流过负载电感 L 的电流有减小的趋势,使得负载电感 L 上感应出顺晶闸管单相导电方向的自感电动势 e_L,这样作用在导通的两个晶闸管上的阳极电压为 $u_{2L}+e_L>0$,尽管线电压过零变负,仍能保证原来导通的晶闸管继续导通。所以,电阻负载时 u_d 波形不会出现负的部分。而 $\alpha=0°$ 是三相桥式可控整流电路带电感性负载直流输出电压 u_d 波形均为正值的临界触发延迟角。图 3-24 给出了 $\alpha=90°$ 时的波形。若电感 L 值足够大,u_d 中正负面积将基本相等，u_d 平均值近似为零。这表明，带阻感负载时，三相桥式全控整流电路的 α 角移相范围为 $0°\sim 90°$。

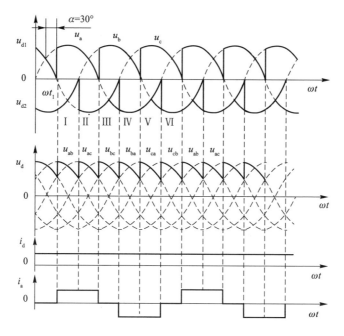

图 3-23　三相桥式全控整流电路带阻感负载 $\alpha=30°$ 时的波形

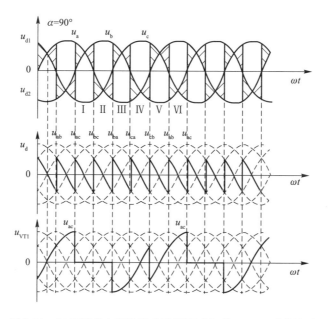

图 3-24　三相桥式全控整流电路带阻感负载 $\alpha=90°$ 时的波形

第四节　电动汽车充电桩

充电桩的功能类似于加油站里的加油机，它可以固定在地面或墙壁上，安装于公共建筑（如公共楼宇、商场、公共停车站等）和居民小区停车场或充电站内，可以根据不同的电压等级为各种型号的纯电动汽车或插电式混合动力汽车充电。充电桩的输入端与交流电网直接连接，输出端都装有充电插头用于电动汽车充电。充电桩一般提供常规充电和快速充电两种方式。人们可以使用特定的充电卡在充电桩提供的人机交互操作界面上刷卡使用，进行相应的充电方式、充电时间、费用数据打印等操作，充电桩显示屏能显示充电量、费用、充电时间等数据。

一、充电桩的分类及区别

以充电类型进行分类，充电桩主要可分为交流充电桩和直流充电桩。直流充电桩与交流充电桩的主要区别有以下几个方面。

1. 工作原理方面

直流充电桩俗称"快充"，可以为非车载电动汽车动力电池提供直流电源的供电装置。直流充电桩的输入电压采用三相四线 AC380 V ± 15%，频率为 50 Hz，输出为可调直流电，直接为电动汽车的动力电池充电。由于直流充电桩采用三相四线制供电，可以提供足够的功率，输出的电压和电流调整范围大，可以实现快充的要求。

直流充电桩功率较大，有 60 kW、120 kW、200 kW 甚至更高，充电速度较快，故一般安装在道路旁，为着急的有需要的客户所准备。

交流充电桩俗称"慢充"，为电动汽车车载充电机提供交流电源的供电装置。交流充电桩只提供电力输出，没有充电功能，需要连接车载充电机为电动汽车充电。相当于只是起了一个控制电源的作用。

交流充电桩功率一般较小，有 7 kW、22 kW、40 kW 等几种功率，充电速度一般较慢，故一般安装在小区、单位等公共场所。

2. 充电接口方面

交流充电桩输出由 7 根线组成，如图 3-25 所示。

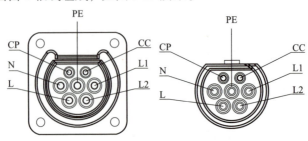

图 3-25　交流充电接口

交流充电桩接口及定义见表3-3。

表3-3 交流充电桩接口及定义

触头编号	额定电压/额定电流	功能定义
1 —（L1）	250 V、440 V/10 A、16 A、32 A、63 A	交流电源（单相/三相）
2 —（L2）	440 V/16 A、32 A、63 A	交流电源（三相）
3 —（L3）	440 V/16 A、32 A、63 A	交流电源（三相）
4 —（N）	250 V、440 V/10 A、16 A、32 A、63 A	中线（单相/三相）
5 —（⏚）	—	保护接地（PE），连接供电设备地线和车辆电平台
6 —（CC）	0~30 V/2 A	充电连接确认
7 —（CP）	0~30 V/2 A	控制导引

直流充电桩输出由9根线组成，如图3-26所示。

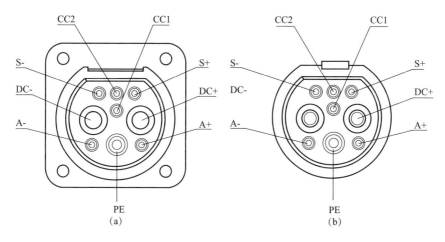

图3-26 直流充电接口

直流充电桩接口及定义见表3-4。

表3-4 直流充电桩接口及定义

触头编号	额定电压/额定电流	功能定义
1 —（DC+）	750 V/80 A、125 A、200 A、250 A	直流电源正，连接直流电源正极与电池正极
2 —（DC−）	750 V/80 A、125 A、200 A、250 A	直流电源负，连接直流电源负极与电池负极
3 —（⏚）	—	保护接地（PE），连接供电设备地线和车辆电平台

续表

触头编号	额定电压/额定电流	功能定义
4 –（S + ）	0 ~ 30 V/2 A	充电通信 CANH，连接非车载充电机与电动汽车的通信线
5 –（S – ）	0 ~ 30 V/2 A	充电通信 CANL，连接非车载充电机与电动汽车的通信线
6 –（CC1）	0 ~ 30 V/2 A	充电连接确认
7 –（CC2）	0 ~ 30 V/2 A	充电连接确认
8 –（A + ）	0 ~ 30 V/20 A	低压辅助电源正，连接非车载充电机为电动汽车提供的低压辅助电源
9 –（A – ）	0 ~ 30 V/20 A	低压辅助电源负，连接非车载充电机为电动汽车提供的低压辅助电源

3. **系统设计方面**

交流充电桩利用国家电网专用标准充电接口为具有车载充电机的电动汽车提供交流电能，提供友好的人机操作界面，具有相应的控制、计费、扣费、通信功能和保护功能，集充电检测、充电控制、管理、查询、显示及通信于一体，实现对整个充电过程的智能化控制，实时监测充电电缆的连接状态，连接异常将立即终止充电，确保在充电过程中的人身和车辆安全。

直流充电桩利用国家电网专用标准充电接口为具有车载充电机的电动汽车提供直流电能，提供人机操作界面，具有相应的控制、计费、扣费、通信功能和保护功能。直流充电桩由三相 380 V 交流电经过 EMC 等防雷滤波模块后进入三相四线制电表中，三相四线制电表监控整个充电机工作时的实际充电电量。充电机输出经过充电枪直接给动力电池进行充电。直流充电桩包含辅助电源、显示模块、充电功率模块、保护控制单元、信号采集单元及刷卡模块等控制系统进行供电。在动力电池充电过程中，辅助电源给 BMS（电池管理系统）系统供电，由 BMS 系统实时监控动力电池的状态。

4. **充电时间方面**

交流充电桩需要借助车载充电机来充电，由于车载充电机的功率并不大，所以不能实现快速充电。直流快速充电桩则不需要这个设备。

充电速度不同，一辆纯电动汽车（普通电池容量）完全放电后通过交流充电桩充满大约需要 8 h，而通过直流快速充电桩仅需要 2 ~ 3 h。

二、直流充电桩的工作原理

大功率电动汽车充电机（快速充电模式）的结构框图如图 3-27 所示，通过三相电网输入交流电，经过三相桥式不可控整流电路整流变成直流电，滤波后提供给高频 DC – DC 功率变换器，功率变换器经过 DC/DC 变换输出需要的直流，再次滤波后为电动汽车动力蓄电池充电。

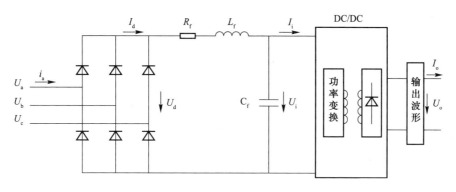

图 3-27　直流充电桩电路结构图

直流充电桩是通过充电接口给电动汽车进行充电，其具体的充电桩接口电路如图 3-28 所示。左边是非车载充电机（即直流充电桩）；右边是电动汽车，二者通过车辆插座相连。图中的 S 开关是一个常闭开关，与直流充电枪头上的按键（即机械锁）相关联，当按下充电枪头上的按键时，S 开关即打开。而图 3-28 中的 U_1、U_2 是一个 12 V 上拉电压，$R_1 \sim R_5$ 是阻值约 1 000 Ω 的电阻，R_1、R_2、R_3 在充电枪上，R_4、R_5 在车辆插座上。

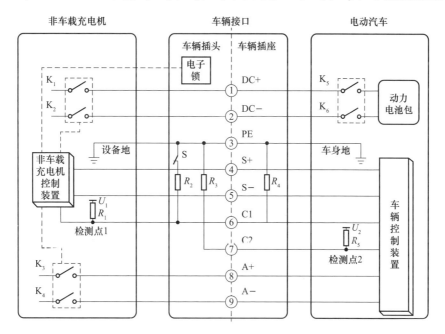

图 3-28　直流充电桩接口电路

1. 车辆接口连接确认阶段

当按下枪头按键，插入车辆插座，再放开枪头按键，充电桩的检测点 1 将检测到 12 V –

6 V~4 V 的电平变化。一旦检测到 4 V，充电桩将判断充电枪插入成功，车辆接口完全连接，并将充电枪中的电子锁进行锁定，防止枪头脱落。

2. 直流充电桩自检阶段

在车辆接口完全连接后，充电桩将闭合 K_3、K_4，使低压辅助供电回路导通，为电动汽车控制装置供电（有的车辆不需要供电）（车辆得到供电后，将根据监测点 2 的电压判断车辆接口是否连接，若电压值为 6 V，则车辆装置开始周期发送通信握手报文），接着闭合 K_1、K_2，进行绝缘检测，所谓绝缘检测，即检测 DC 线路的绝缘性能，保证后续充电过程的安全性。绝缘检测结束后，将投入泄放回路泄放能量，并断开 K_1、K_2，同时开始周期发送通信握手报文。

3. 充电准备就绪阶段

充电准备就绪阶段是电动汽车与直流充电桩相互配置的阶段，车辆控制 K_5、K_6 闭合，使充电回路导通，充电桩检测到车辆端电池电压正常（电压与通信报文描述的电池电压误差 ≤ ±5%，且在充电桩输出最大、最小电压的范围内）后闭合 K_1、K_2，直流充电线路导通，电动汽车就准备开始充电了。

4. 充电阶段

在充电阶段，车辆向充电桩实时发送电池充电需求的参数，充电桩会根据该参数实时调整充电电压和电流，并相互发送各自的状态信息（充电桩输出电压电流、车辆电池电压电流、SOC 等）。

5. 充电结束阶段

车辆会根据 BMS（电池管理系统）是否达到充满状态或是受到充电桩发来的"充电桩中止充电报文"来判断是否结束充电。满足以上充电结束条件，车辆会发送"车辆中止充电报文"，在确认充电电流小于 5 A 后断开 K_5、K_6。充电桩在达到操作人员设定的充电结束条件，或者收到汽车发来的"车辆中止充电报文"，会发送"充电桩中止充电报文"，并控制充电桩停止充电，在确认充电电流小于 5 A 后断开 K_1、K_2，并再次投入泄放电路，然后再断开 K_3、K_4。

三、交流充电桩的工作原理

交流充电桩一般为常规充电模式。图 3-29 所示为交流充电桩的结构框图。其人机交互界面采用大屏幕 LCD 彩色触摸屏，充电可选择定电量、定时间、定金额、自动（充满为止）四种模式。充电桩的交流工作电压为 220 V ± 15%。

交流充电桩通过车载充电机为电池充电，相对于直流充电桩而言，交流充电桩成本低、结构简单，对蓄电池更友好，适合大范围面积进行普及推广。交流充电桩的主要功能是将单相电或者三相电引出来，充电桩只起到电流中转站的作用，后续的整流、DC-DC 变换都由车载充电机完成。

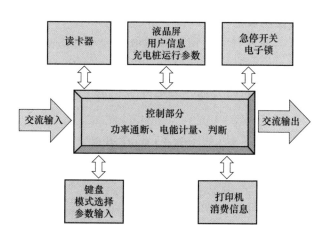

图 3-29 交流充电桩的结构框图

交流充电桩接口技术的核心内容是控制引导电路。控制引导电路的主要作用是用来确认充电接口和充电插座是否连接,然后在充电过程中进行周期性检测,以判断继续充电还是停止充电等。

交流充电桩接口电路如图 3-30 所示。其控制引导电路的工作原理如下:

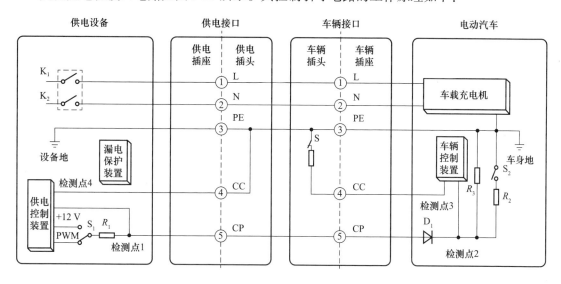

图 3-30 交流充电桩接口电路

1. 连接确认

车辆控制装置通过检测 PE 和监测点 3 之间的电阻值来确认车辆插头和车辆插座是否连接;充电桩侧的供电控制装置通过检测监测点 4 或监测点 1 的电压值来判断供电插头和供电插座是否连接。

2. 充电开始

当车辆接口和供电接口都确认连接后,充电桩将开关 S_1 从 12 V 连接状态切换到

PWM 状态，并等待车辆控制装置闭合开关 S_2，此时测检点 1 峰值电压为 9 V，CP 端产生 1 kHz 的 PWM 波，其占空比代表充电桩额定电流大小。当车辆侧开关 S_2 闭合，代表车辆已经充电准备就绪了，此时检测点 1 的电压峰值为 6 V。确认车辆就绪后，充电桩闭合接触器 K_1 和 K_2，使交流回路导通，充电开始。整个过程中检测点 1 的电压状态见表 3-5。

表 3-5 检测点 1 的电压状态

充电过程状态	充电连接装置是否连接	S_2	车辆是否可以充电	检测点 1 峰值电压（稳定后测量）/V	说明
状态 1	否	断开	否	12	S_1 切换至与 PWM 连接状态，车辆接口未完成连接，检测点 2 的电压为 0
状态 2	是	断开	否	9	R_3 被检测到
状态 3	是	闭合	可	6	车载充电机及供电设备处于正常工作状态

3. 充电过程周期检测

在充电过程中，充电桩对检测点进行周期性检测，以确认充电连接装置的连接状态和车辆是否处于可充电状态，检测周期不大于 50 ms。

充电控制装置不断检测检测点 4 和检测点 1，如果检测到供电接口断开，则供电控制装置开关 S_1 切换到 12 V 并断开交流供电回路。

4. 充电结束

在充电过程中，车辆控制装置不断检测检测点 2 和检测点 3，同样检测周期不大于 50 ms。如果判断车辆接口断开，则车辆控制装置控制车载充电机停止充电，并断开开关 S_2。

本章主要介绍了整流电路、有源逆变电路及其相关知识。同时也介绍了交直流充电桩的特点，分析了交直流充电接口电路的工作原理和运行过程。AC – DC 变换电路是电力电子电路中应用最为广泛的一种电路，也是电力电子电路的基础。

对于整流电路的分析主要从电源的相数和所带负载的类型进行分析。

(1) 按电源的相数分析主要有以下内容：

①单相整流电路。单相整流电路可分为单相半波整流电路和单相桥式整流电路。单相整

流电路比较简单、成本低、控制方便,但输出电压的波形较差,谐波分量较大,使用场合受到限制。

②三相整流电路。三相整流电路可分为三相半波和三相桥式整流电路。三相整流电路输出直流电压波形较好,脉动小,电路的功率因数也比较高。三相整流电路的应用较广泛,尤其是三相桥式整理电路在直流拖动系统中得到了广泛应用。

(2) 按电路所带负载的性质分析主要有以下内容:

①电阻性负载。负载为电阻时,输出电压波形与电流波形形状相同,移相控制角较大时,输出电流会出现断续。

②电感性负载。负载为电感、电阻等,以电感为主。由于电感有维持电流导通的能力,当电感数值较大时,输出直流电流可连续且基本保持不变。

③反电动势负载。负载中有反电动势存在,如新能源车蓄电池充电为反电动势负载、车辆的驱动机系统为反电动势电感性负载。反电动势负载的存在会使整流电路中晶闸管的导通角减小。

④电容性负载。通常为不可控整流桥经电容滤波后提供直流电源,在变频器、不间断电源设备、开关电源等场合使用。

1. 什么是 AC – DC 变换器?AC – DC 变换器有哪些分类方法?每种方法有哪些电路?
2. 单相半波可控整流电路(电阻性负载)有什么特点?
3. 单相半波可控整流电路采取怎样的措施才能带大电感负载?
4. 什么是触发延迟角、导通角、移相、移相范围和同步?
5. 在单相桥式全控整流电路中,若有一晶闸管因为过电流而短路,结果会怎样?如果这只晶闸管被烧成断路,结果又会怎样?
6. 在单相桥式全控整流电路中,$U_2 = 220$ V,负载中 $R = 4$ Ω,L 值极大,当 $\alpha = 60°$ 时,要求:(1) 作出 u_d、i_d 和 i_2 的波形;(2) 求整流输出平均电压 U_d、电流 I_d。
7. 三相半波共阴极相控整流电路由三相 220 V/50 Hz 电源供电,带 30 Ω 电阻性负载。计算在 $\alpha = 30°$ 时的负载电压平均值、负载电流平均值。
8. 分别写出晶闸管单相桥式、三相半波、三相全桥整流电路,负载分别为电阻性负载和阻感性负载时,触发延迟角的移相范围为多少?
9. 三相桥式相控整流电路对触发脉冲有什么要求?
10. 什么是逆变失败?如何防止逆变失败?
11. 试说明交流充电桩与直流充电桩在工作原理方面有什么区别。
12. 交流充电桩有什么特点?
13. 直流充电桩有什么特点?
14. 请说明图 3-31 中各表示什么充电桩接口及各接口端子的定义。

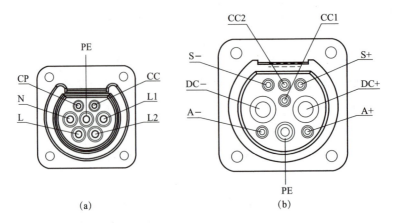

图 3-31 习题 14 图

15. 简述交流充电桩接口是如何实现连接确认的。
16. 简述直流充电桩接口是如何实现连接确认的。

第四章

DC – AC 变换电路

第一节 DC – AC 变换电路概述

DC – AC 称为逆变器、变流器、反流器，或电压转换器，是一个可将直流电变换成交流电的电力电子装置。使用逆变器后，可以容易地从直流电源得到通常工频电源得不到的各种形态的交流电能。逆变技术是一种高效节能技术，利用逆变电路的电动机调速节能，是节能的一大重点。发展并推动电动汽车，是改善大气环境的重要措施。利用风能、太阳能、潮汐能、地热能等绿色能源发电，可以避免火力发电带来的严重污染，这些均与逆变技术相关。21 世纪是能源开发、资源利用与环境保护相协调发展的世纪。在这个世纪里，具有世界三大能源之称的石油、天然气和煤将逐渐被耗尽，氢能源与再生能源将成为人类使用的主体能源，这种能源变迁将迫使发电方式产生一次大革命，具有高效、环保的燃料电池发电方式将成为主体发电方式。燃料电池输出的是直流电，必须采用逆变技术将直流电逆变成交流电能供给负载。另外，这种技术被广泛应用于不间断电源、电动车辆及轨道交通系统、变频器等。利用新能源的关键技术——逆变技术能将蓄电池、太阳能电池和燃料电池等其他新能源转化的电能变换成交流电能与电网并网发电。因此，逆变技术在新能源的开发和利用领域有着至关重要的地位。

6.6 kW 双向车载充电机

逆变器可分为有源逆变和无源逆变两种。有源逆变是指将直流电逆变成与交流电源同频率的交流电馈送到电网中去的逆变器；在逆变状态下，变换电路的交流侧如果不与交流电网连接，而直接与负载连接，将直流电逆变成某一频率或可调频率的交流电直接供给负载，则称之为无源逆变。有源逆变与无源逆变的概念可用图 4-1 来表示。

除电动汽车外，DC – AC 无源逆变电路模块主要用于航天、航海、航空及通信系统等设备，其特点是体积小、质量轻、稳定性好、噪声低，具有自动稳频稳压性能，谐波失真小、转换效率高、保护功能完善、可靠性好。典型产品有 SWG 系列 DC – AC 电源模块，这种模块电源也称为铃流源（一种特殊形式的电源，在通信交换设备中，铃流源为用户话机提供振铃信号和工作电源），在通信系统中获得了广泛的应用。

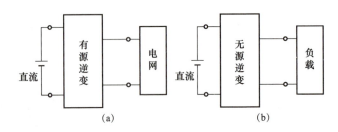

图 4-1 有源逆变与无源逆变的概念
（a）有源逆变；（b）无源逆变

在电动汽车中使用的 DC – AC 多为无源逆变器，其主要功能是将蓄电池或燃料电池等输出的直流电变换为交流电提供给交流驱动电机等。由于汽车（包括电动汽车）的功能不断扩展，对于兼作流动办公室或野营生活用车等使用的汽车而言，则需要 220 V 或 110 V 的单相交流电，以满足常用电器设备的用电需求。因此，随着人类生活水平的不断提高，车用两相 DC – AC 逆变器的应用会逐渐增大。

第二节 逆变电路基础

一、逆变电路的基本工作原理

如图 4-2（a）所示，以单相桥式无源逆变电路为例来分析基本工作原理。开关符号 S_1、S_2、S_3、S_4 表示电力电子开关器件的 4 个桥臂，是由电力电子器件及其辅助电路组成的。当开关 S_1、S_4 闭合，S_2、S_3 断开时，负载电压 u_o 为正；当开关 S_1、S_4 断开，S_2、S_3 闭合时，负载电压 u_o 为负，其电压波形如图 4-2（b）所示。这样就将直流电变成了交流电。改变两组开关的切换频率，即可改变输出交流电的频率，这就是最基本的逆变电路工作原理。当负载为电阻时，负载电流 i_o 和电压 u_o 的波形形状相同，相位也相同。若负载为组感时，i_o 要滞后 u_o，两者波形形状不同，图 4-2（b）画出的是电阻串联电感负载时的波形。设 t_1 时刻以前 S_1、S_4 导通，i_o 和 u_o 均为正，在 t_1 时刻，断开 S_1、S_4，同时合上 S_2、S_3，则 u_o 的极性立刻变为负。但是由于负载中有电感的存在，流过其的电流不能立刻改变而维持原方向。这时负载电流从直流电源负极流出，经 S_2、负载和 S_3 流回正极，负载电感中存储的能量向直流电源反馈，负载电流逐渐减小，到 t_2 时刻降为零。之后 i_o 反向并逐渐增大。S_2、S_3 断开，S_1、S_4 闭合时的情况类似。这说明，若为阻感性负载，换流时必须为电感电流提供续流路径；逆变电路输出电压的极性只取决于主电路的开关状态，而与负载电流的性质无关，根据开关的状态就可以直接确定电压型逆变电路的输出电压波形。以上 $S_1 \sim S_4$ 均为理想开关时的分析，实际电路的工作过程要复杂一些。

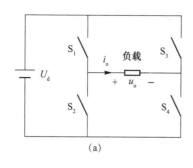
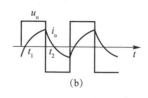

图 4-2　逆变电路及其波形举例

（a）原理图；（b）波形

二、逆变电路的换流方式

在图 4-2 所示的逆变电路工作过程中，在 t_1 时刻出现了电流从 S_1 到 S_2，以及从 S_4 到 S_3 的转移。电流从一个支路向另一个支路转移的过程称为换流，换流也常被称为换相。

在逆变电路换流过程中，有的支路要从通态转移到断态，有的支路要从断态转移到通态。从断态向通态转移时，无论支路由全控型还是由半控型电力电子器件组成，只要给门极适当的驱动信号，就可以使其开通。但从通态向断态转移的情况就不同了。全控型器件可以通过对门极的控制使其关断，而对于半控型器件的晶闸管来说，就不能通过对门极的控制使其关断，必须利用外部条件或采取措施才能使其关断，所以，关断晶闸管需要设置强迫换流电路。这种情况增加了逆变电路的复杂性，降低了可靠性，也限制了开关频率。如今，绝大多数逆变电路都已采用全控型电力半导体开关器件，其中，中、大功率逆变电路多采用 IGBT、IGCT，小功率逆变电路多采用功率 MOSFET。

一般来说，换流方式可分为以下几种。

1. 器件换流

利用全控型器件的自动关断能力进行换流称为器件换流。在采用 IGBT、电力 MOSFET、GTO 等全控型器件的电路中，其换流方式即器件换流。

2. 电网换流

由电网提供换流电压称为电网换流。对于相控整流电路，无论其工作在整流状态还是有源逆变状态，都是借助电网电压实现换流的，都属于电网换流。三相交流调压电路和采用相控方式的交—交变频电路中的换流方式也都是电网换流。在换流时，将负的电网电压施加在欲关断的晶闸管上即可使其关断。这种换流方式不需要器件具有门极关断能力，也不需要为换流附加任何元件，但是不适合用于没有交流电网的无源逆变电路。

3. 负载换流

由负载提供换流电压称为负载换流。凡是负载电流的相位超前于负载电压的场合，都可以实现负载换流。当负载为电容性负载时，就可以实现负载换流。另外，当负载为同步电动机时，由于可以控制励磁电流使负载呈现为容性，因而也可以实现负载换流。

4. 强迫换流

设置附加的换流电路，给欲关断的晶闸管强迫施加反向电压或反向电流的换流方式称为强迫换流。强迫换流通常利用附加电容上所存储的能量来实现，因此也称为电容换流。

以上四种换流方式中，器件换流只适用于全控型器件，其余三种方式是针对晶闸管而言的。器件换流和强迫换流都是因为器件或变流器自身的原因而实现换流的，二者都属于自换流；电网换流和负载换流不是依靠变流器内部的原因，而是借助外部手段（电网电压或负载电压）来实现换流的，它们都属于外部换流。采用自换流方式的逆变电路称为自换流逆变电路，采用外部换流方式的逆变电路称为外部换流逆变电路。

三、电压型逆变与电流型逆变

1. 电压型逆变电路

电压型逆变电路是目前应用最广泛的一种逆变电路。图 4-3 所示为电压型单相全桥式逆变电路，是图 4-2 所示电路的具体实现。电压型逆变电路都采用全控型器件，换流方式为器件换流。

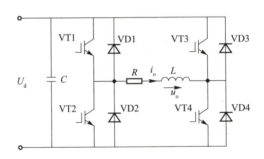

图 4-3　电压型单相全桥式逆变电路

电压型逆变电路具有以下主要特点：

（1）直流侧为电压源，或并联大电容，相当于电压源。直流侧电压基本无脉动，直流回路呈现低阻抗。

（2）由于直流电压源的钳位作用，交流侧输出电压波形为矩形波，并且与负载阻抗角无关，如图 4-2（b）中的 u_o 波形所示。而交流侧输出电流波形和相位因负载阻抗的情况不同而不同，如图 4-2（b）中 i_o 波形时阻感性负载的情况。

（3）当交流侧为阻感性负载时需要提供无功功率，直流侧电容起缓冲无功能量的作用。为了给交流侧向直流侧反馈无功能量提供通道，逆变桥各桥臂都并联了反馈二极管。

2. 电流型逆变电路

图 4-4 所示为电流型三相桥式逆变电路。由于理想直流电流源并不多见，一般是在逆变电路直流侧串联一个大电感，因为大电感中的电流脉动很小，所以可近似看成直流电流源。

图4-4中采用的开关器件是全控型的GTO,换流方式为器件换流。而在电流型逆变电路中,采用半控型器件的电路仍应用较多,换流方式为负载换流或强迫换流。

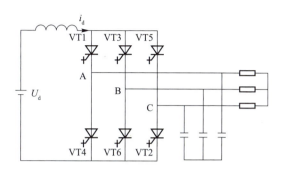

图4-4 电流型三相桥式逆变电路

图4-4中的GTO使用反向关断型器件。假如使用反向导电型GTO,必须给每个GTO串联二极管以承受反向电压。图中的交流侧电容器是为吸收换流时负载电感中存储的能量而设置的,是电流型逆变电路的必要组成部分。

电流型逆变电路具有以下特点:

(1)直流侧串联大电感,相当于电流源。直流侧电流基本无脉动,直流回路呈现高阻抗。

(2)电路中开关器件的作用仅仅是改变直流电流的流通途径,因此,交流侧输出电流为矩形波,并且与负载阻抗角无关。而交流侧输出电压波形和相位则因负载阻抗情况的不同而不同。

(3)当交流侧为阻感性负载时需要提供无功功率,直流侧电感起缓冲无功能量的作用。因为反馈无功能量时直流电流并不反向,因此不必像电压型逆变电路那样要给开关器件反并联二极管。

第三节 方波逆变电路

输出电压波形为方波(或矩形波)或输出电流波形为方波(矩形波)的逆变电路,此时逆变电路各桥臂控制信号占空比相同且恒定,将这样的逆变电路称为方波逆变电路。

一、单相半桥方波逆变电路

半桥逆变电路原理图如图4-5(a)所示,这是一个电压型逆变电路,它由两个桥臂构成,每个桥臂由一个全控型器件和一个反向并联二极管组成,在直流侧接有两个相互串联且容量足够大的电容C_1和C_2,同时满足$C_1 = C_2$,两个电容的连接点O便成为直流电源的中点。设负载连接在直流电源中点O和两个桥臂连接点A之间。等效负载电流电压分别用u_o和i_o表示。

工作原理分析如下：

设开关器件 VT1 和 VT2 的栅极信号在一个周期内各有半周正偏，半周负偏，且二者互补。其输出电压 u_o 为矩形波，其幅值为 $u_m = u_d/2$，波形如图 4-5（b）所示。输出电流 i_o 波形随负载情况而变。

当负载为纯电阻负载时，输出电流 i_o 波形与输出电压波形一样为矩形波，如图 4-5（c）所示。

当负载为纯电感负载时，其输出电流波形如图 4-5（d）所示，设 t_1 时刻以前 VT1 为导通状态，VT2 为关断状态，$t=T/2$ 时刻给 VT1 关断信号，给 VT2 开通信号。则 VT1 关断，但由于负载是电感负载，其中的电流 i_o 就不能立即改变方向，于是 VD2 导通续流。在 t_2 时刻 i_o 降为零时，VD2 截止，VT2 开通，i_o 开始反向增大，同样，在 $t=T$ 时刻，给 VT2 关断信号，给 VT1 开通信号，VT2 关断，VD1 先导通，$i_o=0$ 时，VT1 才导通，VD1 截止。

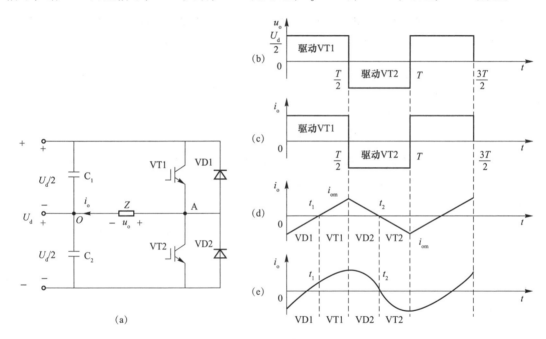

图 4-5　单相半桥电压型逆变电路及其工作波形

（a）原理图；（b）电压波形；（c）电阻负载电流波形；
（d）电感负载电流波形；（e）阻感性负载电流波形

当 VT1 或 VT2 为导通状态时，负载电流和电压同方向，直流侧向负载侧提供能量；而当 VD1 或 VD2 处于导通状态时，负载电流和电压反向，负载电感中所存储的能量向直流侧反馈，即负载电感将其吸收的无功能量反馈回直流侧。反馈回的能量暂存在直流侧的电容中，直流侧的电容起着缓冲无功能量的作用。二极管 VD1、VD2 起着使负载电流连续的作用，也就是负载向直流侧反馈能量的通道，故称为续流二极管或反馈二极管。

如果负载为阻感负载，则电流波形如图 4-5（e）所示。

从图 4-5（b）可知，逆变器输出电压 u_o 为 180°的方波，幅度为 $u_d/2$。输出电压有效值

显然为 $u_d/2$。

半桥逆变电路的优点是使用器件少，电路简单；缺点是输出交流电压的幅值 u_m 仅为 $u_d/2$，且直流侧需要有两个大电容串联，工作时还要控制两个电容电压的均衡。因此，半桥电路常用于几千瓦以下的小功率逆变电源。

二、单相全桥方波逆变电路

单相全桥方波逆变电路的原理图如图 4-6（a）所示，它共有 4 个桥臂，可以看成由两个半桥电路组成，将桥臂 VT1 和 VT4 作为一对，桥臂 VT2 和 VT3 作为另一对，成对的两个桥臂同时导通，两对交替各导通 180°。其输出电压 u_o 的波形与图 4-5（b）所示的半桥电路的波形 u_o 形状相同，也是矩形波，但其幅值高出一倍，即 $U_m = U_d$。当负载及直流电压都相同的情况下，其输出电流 i_o 的波形也和图 4-5（c）、（d）中的 i_o 形状相同，仅幅值增加一倍。图 4-5（a）中的 VD1、VT1、VD2、VT2 相继导通的区间，分别对应于图 4-6（a）中的 VD1 和 VD4、VT1 和 VT4、VD2 和 VD3、VT2 和 VT3 相继导通的区间，关于无功能量的交换，对于半桥逆变电路的分析也完全适用于全桥逆变电路。

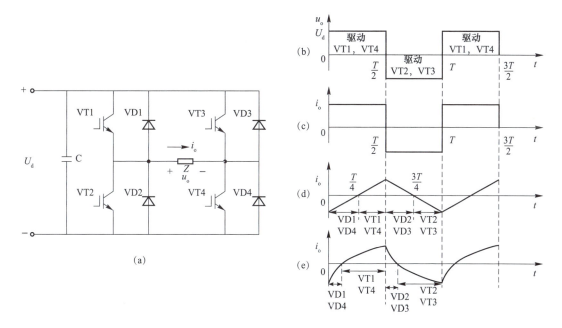

图 4-6　电压型全桥逆变电路的原理图及工作波形图
（a）电路图；（b）输出电压；（c）纯电阻电路波形；
（d）纯电感电流波形；（e）阻感性电流波形

在 $0 \leq t \leq T/2$ 期间，VT1 和 VT4 有驱动信号导通时，VT2 和 VT3 无驱动信号截止，$u_o = +U_d$，在 $T/2 \leq t \leq T$ 期间，VT2 和 VT3 有驱动信号导通，VT1 和 VT4 无驱动信号截止，$u_o = -U_d$。因此，输出电压是 180°的方波电压，幅值为 $U_m = U_d/2$，如图 4-6（b）所示。

当负载为纯电阻时，输出电流 i_o 波形如图 4-6（c）所示。

若负载是纯电感,在 $0 \leq t \leq T/2$ 期间,VT1 和 VT4 有驱动信号导通,VT2 和 VT3 无驱动信号截止,$u_o = +L(\mathrm{d}i_o/\mathrm{d}t) = +u_d$,负载电流 i_o 线性上升;在 $T/2 \leq t \leq T$ 期间,VT2 和 VT3 有驱动信号导通,VT1 和 VT4 无驱动信号截止,$u_o = -U_d$,负载电流 i_o 线性下降。

在 $0 \leq t \leq T/4$ 期间,尽管 VT1 和 VT4 有驱动信号,VT2 和 VT3 无驱动信号截止,但电流 i_o 为负值,VD1、VD4 导通起负值电流续流作用,$u_o = +U_d$。只有 $T/4 \leq t \leq T/2$ 期间,电流 i_o 为正值,VT1 和 VT4 才导通。同理,在 $T/2 \leq t \leq 3T/4$ 期间,VD2、VD3 导通,$u_o = -U_d$,VT2 和 VT3 仅在 $3T/4 \leq t \leq T$ 期间导通,波形如图 4-6(d)所示。全桥逆变电路是单相逆变电路中应用最多的。

从图 4-6(b)可知,逆变输出电压 u_o 为 180° 的方波,幅度为 u_d,输出电压有效值显然为 u_d。

通过以上分析可知,u_o 为正负电压都是 180° 的脉冲波形。若要改变输出交流电压的有效值,只能通过改变直流电压 u_d 来实现。

改变方波逆变输出交流电压有效值的另外一种方法是移相法。

采用移相的方式来调节逆变电路的输出电压,这种方式称为移相调压。图 4-7(a)中,各 IGBT 的栅极信号仍分别为 180° 正偏和 180° 反偏,并且 VT1 和 VT2 的栅极信号互补,VT3 和 VT4 的栅极信号互补,但 VT3 的栅极信号不是比 VT1 的栅极信号滞后 180°,而是只滞后 θ($0° < \theta < 180°$)。也就是说,VT3、VT4 的栅极信号不是分别和 VT2、VT1 的栅极信号同相位,而是前移了 $180° - \theta$。这样,输出电压 u_o 就不再是正负各为 180° 的脉冲,而是各为 θ 的脉冲,各种功率开关器件栅极信号 $u_{G1} \sim u_{G4}$、输出电压 u_o 及阻感性负载情况下输出电流 i_o 的波形如图 4-7(b)所示。

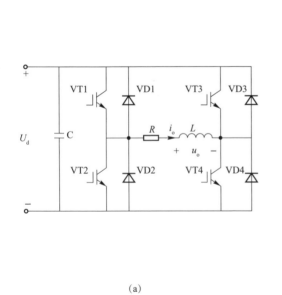
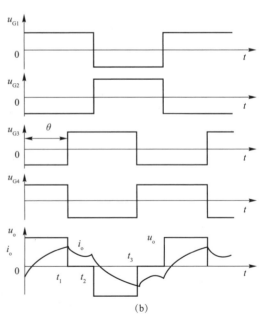

图 4-7 单相全桥逆变电路的移相调压方式

(a) 电路;(b) 波形

设在 t_1 时刻前 VT1 和 VT4 导通，VT2 和 VT3 截止，输出电压 u_o 为 U_d，t_1 时刻 VT3 和 VT4 栅极信号互为反向，VT4 截止，而负载电感中的电流 i_o 不能突变，VT3 不能立即导通，VD3 导通续流。VT1 和 VD3 同时导通，所以输出电压为零。到 t_2 时刻 VT1 和 VT2 栅极信号互为反向，VT1 截止，而 VT2 不能立即导通，VD2 导通续流，与 VD3 构成电流通道，输出电压为 $-U_d$；t_3 时刻 VT3 和 VT4 栅极信号再次互为反向，VT3 截止，而 VT4 不能立即导通，VD4 导通续流，u_o 再次为零。以后的过程和前面类似。这样，输出电压 u_o 的正负脉冲宽度就各为 θ，改变 θ，就可以调节输出电压。

在纯电阻负载时，由于输出电流 i_o 与电压 u_o 成比例，VD1～VD4 不再导通，不起续流作用。在 u_o 为零期间，4 个桥臂均不导通，负载也没有电流。

上述移相调压方式不适用于带阻感性负载的半桥逆变电路，但适用于带纯电阻负载的半桥逆变电路。这时上下两桥臂的栅极信号不再是 180°正偏/180°反偏并且互补，而是正偏的宽度为 θ，反偏的宽度为 360°－θ，二者相位差 180°。这时，输出电压 u_o 也是正负脉冲的宽度各为 θ。

三、三相全桥方波逆变电路

三相全桥方波逆变电路如图 4-8 所示，电路由三个半桥电路组成。

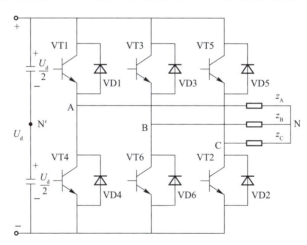

图 4-8　三相全桥方波逆变电路原理图

电路中的电容器为了分析方便画成两个，并有一个假想的中性点 N′，在实际中可用一个。因为输入端施加的是直流电压源，全控型电力晶闸管 VT1～VT6 始终保持正向偏置，VD1～VD6 同样是为了感性负载提供续流回路反并联的二极管。与单相半桥、全桥逆变电路相同，电压型三相桥式逆变电路的基本工作方式也是 180°导通方式，即每个桥臂的导通角为 180°，同一相（即同一半桥）上下两个桥臂交替通、断，各相开始导电的角度依次相差 120°。在任一瞬间，将有三个桥臂同时导通，可能是上面一个桥臂下面两个桥臂也可能是上面两个桥臂下面一个桥臂。在逆变器输出端形成 A、B、C

三相电压。由于每次换流都是在同一相上下两个桥臂之间进行的，因此也被称为纵向换流。

图4-9所示为三相桥式逆变电路波形图，负载为星形连接。在 $0°<\omega t\leqslant 60°$ 之间，VT1、VT5和VT6导通。负载电流经VT1和VT5被送到A相和C相负载，再经B相负载和VT6流回电源。在 $\omega t=60°$ 时刻，VT5的触发脉冲下降到零，VT5迅速关断，由于感性负载电流不能立即改变方向，VD2导通续流，其他两组相电流通路不变。当VD2中续流结束时（续流时间取决于负载电感和电阻大小），C相电流反向经VT2流回电源。

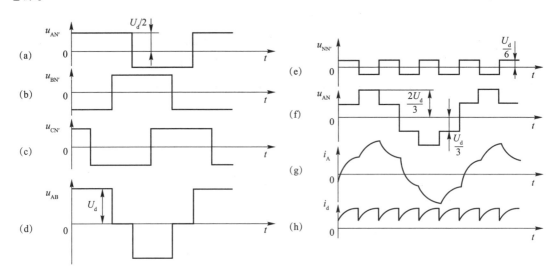

图4-9 三相桥式逆变电路波形图

在 $\omega t=120°$ 时刻，VT6的触发脉冲下降到零，VT6关断，B相电流有VD3续流，当续流结束时，VD3截止，VT3导通。负载电流由电源经VT1、VT3、A相和B相负载，然后汇流到C相。一个周期内其他时间段的工作情况与上述分析相同。

假设负载为阻性且三相负载对称，在 $0°<\omega t\leqslant 60°$ 期间，VT1、VT5和VT6导通，由此可得A相和C相负载上电压为 $U_d/3$，B相负载电压为 $2U_d/3$，同理，在 $60°\leqslant\omega t\leqslant 120°$ 期间，A相负载上电压为 $2U_d/3$，B相和C相负载上电压为 $U_d/3$。

依次对各时间段的工作情况进行分析，得到图4-8所示A、B、C各点与假想中性点N'之间的电压 $u_{AN'}$、$u_{BN'}$、$u_{CN'}$ 波形分别如图4-9（a）~（c）所示，线电压 u_{AB}、负载相电压 u_{AN}、负载相电流 i_A 的波形分别如图4-9（d）、(f)、(g)所示。其他相的电压、电流波形依次相差120°。直流侧电流 i_d、两中性点N与N'之间电压 $u_{NN'}$ 的波形分别如图4-9（h）、(e)所示。

根据分析，三相桥式逆变电路输出线电压 u_{AB} 的有效值为

$$u_{AB}=0.816U_d \tag{4-1}$$

其中基波分量有效值 u_{AB1} 为

$$u_{AB1} = \frac{\sqrt{6}U_d}{\pi} = 0.78U_d \tag{4-2}$$

负载相电压的有效值 u_{AN} 为

$$u_{AN} = 0.417U_d \tag{4-3}$$

其中基波分量有效值 u_{AN1} 为

$$u_{AN1} = \frac{U_{AN1m}}{\sqrt{2}} = 0.45U_d \tag{4-4}$$

为了防止同一相上下桥臂同时导通造成直流侧电源短路，在换流时，必须采取"先断后通"的方法，实际的控制电路要在上下桥臂的驱动信号间设置死区时间，如图 4-10 所示，图中的 t_d 即是上下桥臂驱动信号 u_{G1} 与 u_{G2} 间的死区时间。

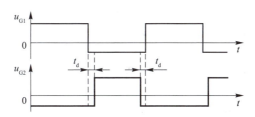

图 4-10　上下桥臂驱动信号的死区时间

第四节　PWM 逆变电路

PWM 也称脉冲宽度调制技术（Pulse Width Modulation），是用一种参考波（通常是正弦波，有时也采用梯形波或注入零序谐波的正弦波或方波等）为调制波（Modulating Wave），而以 N 倍于调制波频率的三角波（有时也可用锯齿波）为载波（Carrier Wave）进行波形比较，在调制波大于载波的部分产生一组幅值相等、而宽度正比于调制波的矩形脉冲序列来等效调制波，通过对逆变器开关管的通/断控制，将直流电变成一系列幅值相等、宽度正比于调制波的矩形脉冲序列交流电，这种技术叫作脉冲宽度调制技术。由于载波三角波（或锯齿波）的上下宽度是线性变化的，故这种调制方式也是线性的。当调制波为正弦波时，输出矩形脉冲序列的脉冲宽度按正弦规律变化，这种调制技术通常又称为正弦脉冲宽度调制技术（Sinusoidal PWM，SPWM）。

随着逆变器在交流传动、UPS 电源和有源电力滤波器等领域的广泛应用，以及高速全控开关器件的大量出现，PWM 已经成为逆变技术的核心，因而受到了人们的高度重视。尤其是最近几年，微处理器的应用和数字化控制的出现，更促进了 PWM 的发展。

一、PWM 控制的基本原理

PWM 控制的思想是由控制电路按一定的规律控制开关元件的通断，从而在逆变器的输出端获得一组等幅而不等宽的脉冲序列。SPWM 逆变输出的脉冲宽度按正弦分布，可以此脉冲列来等效正弦波电压波形，图 4-11（a）所示为正弦波 $u_\text{o} = U_\text{om1} \sin\omega t$ 的波形图。

而电压型逆变电路的输出电压是方波，如果将一个正弦半波电压分成 n 等份，并把正弦曲线每一等份所包围的面积都用一个与其面积相等的等幅矩形脉冲来代替，且矩形脉冲的中点与相应正弦等分的中点重合，得到如图 4-11（b）所示的脉冲列，这就是 PWM 波形。正弦波的另外一个半波可以用相同的办法来等效。可以看出，该 PWM 波形的脉冲宽度是按正弦规律变化的，称为 SPWM 波形。

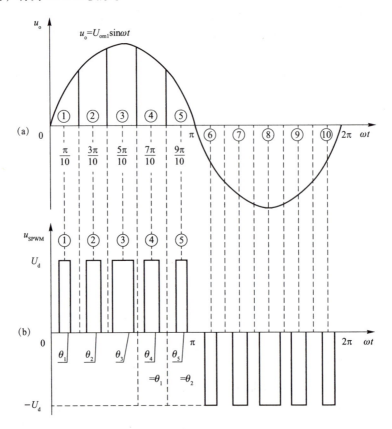

图 4-11　用 PWM 波代替正弦波

（a）正弦波；（b）脉冲列

根据采样控制理论，冲量相同而形状不同的窄脉冲加在具有惯性的环节上时，其效果基本相同。脉冲频率越高，SPWM 波形的效果越接近正弦波。逆变电路输出电压为 SPWM 波形时，其低次谐波得到很好的抑制和消除，高次谐波又能很容易滤去，从而可获得畸变率极低的正弦输出电压。

SPWM 控制方式就是对逆变电路开关器件的通断进行控制，使输出端得到一系列幅值相等而宽度不相等的脉冲，用这些脉冲来代替正弦波。

从理论上分析，在 SPWM 控制方式中给出了正弦波频率、幅值和半个周期内的脉冲数后，脉冲波形的宽度和间隔便可以准确计算出来，这种方法称为计算法。但这种方法比较烦琐，当输出正弦波的频率、幅值或相位变化时，其结果都要变化，故在实际中很少采用。

在多数情况下，采用正弦波与等腰三角波相交的办法来确定各矩形脉冲的宽度。等腰三角波上下宽度与高度呈线性关系且左右对称，当它与任何一个光滑曲线相交时，即得到一组等幅而脉冲宽度正比于该曲线函数数值的矩形脉冲，这种方法称为调制法。希望输出的信号为调制信号，将接收调制的三角波称为载波，当调制信号是正弦波时，所得到的便是 SPWM 波形。当调制信号不是正弦波时，也可以得到与调制信号等效的 PWM 波形。SPWM 波形在实际中应用较多。

二、PWM 逆变电路及控制方法

脉宽调制的方法很多，按调制脉动的极性可分为单极性和双极性；按载波信号和控制信号的频率关系可分为同步方式和异步方式。

1. 单极性 SPWM 控制方式

电压型单相桥式 PWM 控制逆变电路原理图如图 4-12（a）所示。电路采用图 4-12（b）所示的方法产生控制信号。载波信号 u_c 在信号波正半周为正极性的三角波，在负半周为负极性的三角波，在调制信号 u_r 的过零时刻控制逆变器开关器件 VT1、VT2 的通断，在调制信号 u_r 和载波 u_c 的交点时刻控制逆变器开关器件 VT3、VT4 的通断。

在 u_r 的正半周期：始终保持 VT1 导通、VT2 关断；当 $u_r > u_c$ 时，控制 VT4 导通、VT3 关断，负载电压 $u_o = U_d$；当 $u_r \leqslant u_c$ 时，控制 VT3 导通、VT4 关断，负载电压 $u_o = 0$。

值得注意的是，带阻感性负载的情况下，假设 VT4 导通时 $u_o = U_d$ 且 $i_o > 0$，由于电感中电流不能突变，负载电流将通过 VD3 续流，只有出现电流降至 0 才有 VT3 导通。

在 u_r 的负半周期：始终保持 VT2 导通、VT1 关断；当 $u_r < u_c$ 时，控制 VT3 导通、VT4 关断，负载电压 $u_o = -U_d$；当 $u_r \geqslant u_c$ 时，控制 VT4 导通、VT3 关断，负载电压 $u_o = 0$。

同样，带阻感性负载的情况下，假设 VT3 导通时 $u_o = -U_d$ 且 $i_o < 0$，由于电感中电流不能突变，负载电流将通过 VD4 续流，只有出现电流降至 0 才有 VT4 导通。

逆变输出电压 u_o 的波形如图 4-12（c）所示。这种 u_c 的半个周期的三角波只在一个方向变化，所得到的 PWM 波形也只在一个方向变化的控制方式，称为单极性 SPWM 控制方式。

在载波信号 u_c 的幅值确定的情况下，调节调制信号 u_r 的幅值可以使输出调制脉冲宽度作相应的变化，从而改变逆变器输出电压的基波幅值，实现对输出电压的平滑调节。调制信号 u_r 的幅值与载波信号 u_c 的幅值之比定义为调制度，用 $\alpha = u_{rm}/u_{cm}$ 表示。通常 $0 \leqslant \alpha \leqslant 1$。

改变调制信号 u_r 的频率则可以改变输出电压的频率。所以，从调节角度来看，SPWM 逆变器非常适用于交流变频调速系统。

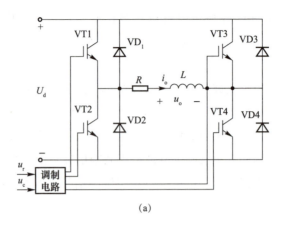

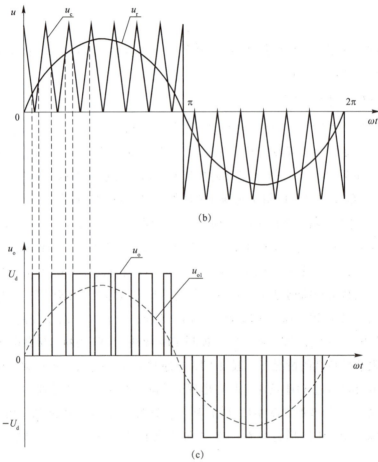

图 4-12 PWM 电路及波形

(a) 单相桥式 PWM 逆变电路；(b) 单极性 SPWM 控制方式载波与调制波；(c) 主电路输出的 SPWM 电压

2. 双极性 SPWM 控制方式

与单极性 SPWM 控制方式相对应，另一种 SPWM 控制方式称为双极性 SPWM 控制方式。图 4-13 所示为双极性控制方式的 SPWM 波形图。

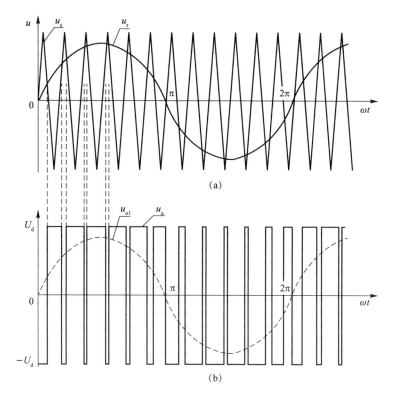

图 4-13 双极性控制方式 SPWM 波形图
(a) 载波与调制波；(b) 主电路输出的 SPWM 电压

在 u_r 的正负半周内，对各逆变器开关控制规律相同，同样在调制信号 u_r 和载波信号 u_c 的交点时刻控制各开关器件的导通。当 $u_r > u_c$ 时，使晶体管 VT1、VT4 导通，使 VT2、VT3 关断，此时 $u_o = U_d$；当 $u_r < u_c$ 时，使晶闸管 VT2、VT3 导通，使 VT1、VT4 关断，此时 $u_o = -U_d$。

在双极性控制方式中，三角载波是正负两个方向变化，所得到的 SPWM 波形也是正负两个方向变化。在 u_r 一个周期内，PWM 输出只有 $\pm U_d$ 两种电平。逆变电路同一相上下两臂的驱动信号是互补的。在实际应用时，为了防止上、下两个桥臂同时导通而造成短路，在给一个桥臂施加关断信号后，需要延迟一定的死区时间，再给另一个桥臂施加导通信号，如图 4-10 所示。死区时间长短取决于功率开关器件的关断时间。需要注意的是，死区时间将会给输出的 PWM 波形带来不利影响，使其偏离正弦波。

3. 三相桥式逆变电路的 SPWM 控制

电压型三相桥式 SPWM 控制的逆变电路如图 4-14 (a) 所示。其控制信号为双极性方式。

A、B、C 三相的 PWM 控制共用一个三角波信号 u_c，三相调制信号 u_{ra}、u_{rb}、u_{rc} 分别为三相正弦信号，其幅值和频率均相等，相位依次相差 120°。A、B、C 三相 PWM 控制规律相同。现以 A 相为例，当 $u_{ra} > u_c$ 时，使 VT1 导通，使 VT4 关断，则 A 相相对于直流电源中性点 N′ 输出电压为 $u_{AN} = U_d/2$；当 $u_{ra} < u_c$ 时，使 VT1 关断，使 VT4 导通，则 $u_{AN} = -U_d/2$。

VT1、VT4 的驱动信号始终互补。其余两相控制规律相同。当给 VT1（VT4）加导通信号时，可能是 VT1（VT4）导通，也可能是 VD1（VD4）续流导通，这取决于阻感性负载中电流的方向。输出电压和线电压的波形如图 4-14（b）所示。

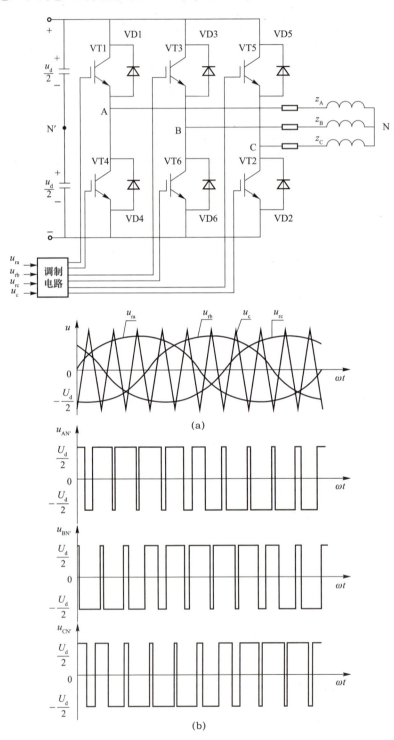

图 4-14　电压型三相桥式 SPWM 控制的逆变电路的 PWM 波形

4. 同步调制与异步调制

在 SPWM 调制方式中，定义载波频率 f_c 与控制信号频率 f_r 之比为载波比，用 $N = f_c/f_r$ 表示。如果在调制过程中保持 N 为常数，则称为同步调制方式。如果 N 不为常数，则称为异步调制方式。

同步调制的优点是在开关频率较低时可以保证输出波形的对称性。对于三相系统，为了保证三相之间对称，互差 120° 相位角，通常取载波频率比为 3 的整数倍。而且，为了保证双极性调制时每相波的正、负半波对称，上述倍数必须是奇数，这样在信号波的 180° 处，载波侧正、负半周恰好分布在 180° 处的左右两侧。由于波形左右对称，就不会出现偶次谐波问题，但是在信号频率较低时，由于 f_c 随 f_r 一起减少，载波的数量显得稀疏，电流波形脉动大，谐波分量剧增，电动机的谐波损耗及脉动转矩也相应增大。另外，由于载波频率 f_c 随控制频率 f_r 连续变化而变化，在利用微处理机进行数字化技术控制时，带来极大不便，难以实现。

异步调制时，在控制频率 f_r 变化的同时，载波频率 f_c 保持不变，因此，载波频率与信号频率之比随之变化。这样，在逆变器整个变频范围内，输出电压半波内的矩形脉冲数是不固定的，很难保持三相波形的对称关系且不利于谐波的消除。异步调制的缺点恰好对应于同步调制的优点，即如果载波频率较低，将会出现输出电流波形正、负半周不对称，相位漂移及偶次谐波等问题。但是，在 IGBT 等高速功率开关器件的情况下，由于载波频率可以做得很高，上述缺点实际上已小到完全可以忽略；反之，正由于是异步调制，在低频输出时，一个信号周期内，载波个数成数量级增多，这对抑制谐波电流、减轻电动机的谐波损耗及减小脉动转矩都大有好处。另外，由于载波频率是固定的，也便于微处理机进行数字化控制。

三、PWM 跟踪控制技术

PWM 跟踪控制方法不是用信号对载波进行调制，而是将希望输出的电流或电压波形作为指令信号，将实际电流或电压波形作为反馈信号，通过两者的瞬时值比较来决定逆变电路各功率开关器件的通断，使实际的输出跟踪指令信号变化。因此，这种控制方法称为跟踪控制法。在跟踪控制法中常用的有滞环比较方式和三角波比较方式。

1. 滞环比较方式

（1）电流跟踪控制。在跟踪型 PWM 变流电路中，电流跟踪控制应用最多。

图 4-15（a）给出了采用滞环比较方式的 PWM 电流跟踪控制单相半控桥式逆变电路原理。图 4-15（c）给出了输出电流波形。将指令电流 $i^* - i$ 作为带有滞环特性的比较器的输入，通过其输出来控制功率器件 VT1 和 VT2 的通断，设 i 的正方向如图 4-15（a）所示，当 i 为正时，VT1 导通，则 i 增大，VD2 续流导通，则 i 减小。当 i 为负时 VT2 导通，则 i 的绝对值增大，VD1 续流导通时，i 的绝对值减小。上述过程可概括为：当 VT1（或 VD1）导通时，i 增大，当 VT2（或 VD2）导通时，i 减小。这样，通过环宽为 $2\Delta I$ 的滞环比较器的控制，i 就在 $i^* + \Delta I$ 和 $i^* - \Delta I$ 的范围内，呈锯齿状地跟踪指令电流 i^*。滞环环宽对跟踪性能

有较大的影响。环宽过宽时，开关动作频率低，但跟踪误差大；环宽过窄时，跟踪误差小，但开关动作频率过高，甚至会超过开关器件的允许频率范围，开关损耗随之增大。和负载串联的电抗器 L 可起到限制电流变化率的作用，L 过大时，i 的变化率过小，对指令电流的跟踪变慢；L 过小时，i 的变化过大，i^*-i 频繁地达到 $\pm\Delta I$，开关动作频率过高。

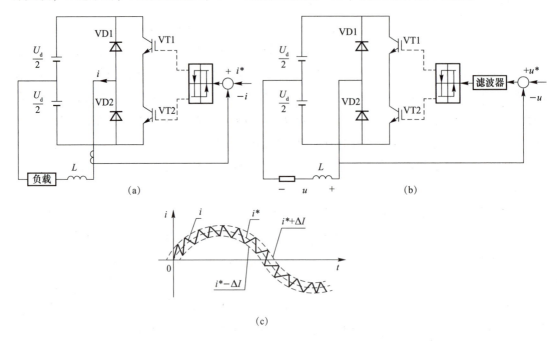

图 4-15　跟踪型 PWM 变流电路

（a）滞环比较方式的 PWM 电流跟踪控制单相半桥式逆变电路原理图；
（b）电压跟踪控制电路举例；（c）滞环比较方式的输出电流波形图

采用滞环比较方式的电流跟踪型 PWM 变流电路具有以下特点：
① 硬件电路简单；
② 属于实时控制方式，电流响应快；
③ 不用载波，输出电压波形中不含特定频率的谐波分量；
④ 与计算法及调制法相比，相同开关频率时输出电流中高次谐波含量较多。

（2）电压跟踪控制。采用滞环比较方式实现电压跟踪控制，如图 4-15（b）所示。将指令电压 u^* 和输出电压 u 进行比较，滤除偏差信号中的谐波，滤波器的输出送入滞环比较强，由比较其输出控制开关通断，从而实现电压跟踪控制。和电流跟踪控制电路相比，只是将指令和反馈从电流变为电压。输出电压 PWM 波形中含大量高次谐波，必须用适当的滤波器滤除。

$u^*=0$ 时，输出 u 为频率较高的矩形波，相当于一个自励振荡电路。

u^* 为直流时，u 产生直流偏移，变为宽度不等的正负脉冲，形成正宽负窄或正窄负宽的矩形波。

u^* 为交流信号时，只要其频率远低于上述自励振荡频率，从 u 中滤除由器件通断产生的高次谐波后所得的波形就几乎与 u^* 相同，从而实现电压跟踪控制。

2. 三角波比较方式

图 4-16 所示为采用三角波比较方式的电流跟踪型 PWM 逆变电路原理图。与前面介绍的调制法所不同的是，这里并不是将指令信号和三角波直接进行比较而产生 PWM 波形，而是通过闭环来进行控制的。从图 4-16 中可以看出，将指令电流 i_A^*、i_B^*、i_C^* 和逆变电路实际输出的电流 i_A、i_B、i_C 进行比较，求出偏差电流，通过放大器 A 放大后，再与三角波进行比较，产生 PWM 波形。放大器 A 通常具有比例积分特性或比例特性，其系数直接影响着逆变电路的电流跟踪特性。

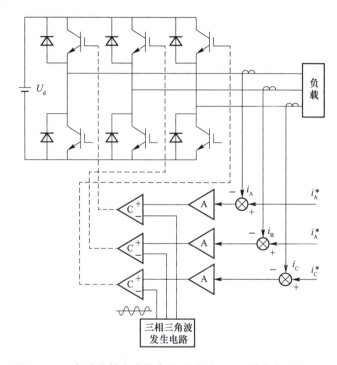

图 4-16　三角波比较方式的电流跟踪型 PWM 逆变电路原理图

在三角波比较控制方式中，功率开关器件的开关频率特性是一定的，即等于载波频率，这给高频滤波器的设计带来方便。为了改善输出电压波形，三角波载波常用三相三角波信号。与滞环比较控制方式相比，这种控制方式输出电流所含谐波少，因此，常用于对谐波和噪声要求严格的场合。

第五节　多电平逆变电路

所谓多电平逆变电路，是指在输出电压波形中的电平数等于或大于 3 的逆变电路。其通常有两种组成形式：一种是在两电平逆变电路的基础上，按照类似的结构通过增加直流分压电容，将直流电源分压成多种直流电源电压，加入钳位电路（用二极管或电容）和增加开关器件的串联个数，用不同的开关切换组合，得到多电平输出；另一种则是利用单相全桥逆变电路，通过直接串联叠加组成，如三电平逆变电路、五电平逆变电路、七电平逆变电路等。多电平逆变电路的优点是电路容量增大，同时输入电压电平数的增多使输出电压更接近正弦波。开关器件所承受的电压减小，无须使用增压电路，开关器件工作于基频，开关损耗小，电磁干扰小。

图 4-17 所示为一种中性点钳位式电压型三电平逆变电路。逆变电路每相桥臂上有四个开关管（VT1～VT4）、四个续流二极管（VD1～VD4）和两个钳位二极管（VD5、VD6）。钳位二极管的作用是在开关管导通时提供电流通道而又防止电容短路。

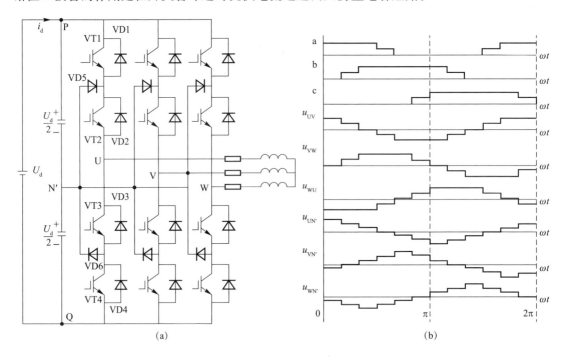

图 4-17　电压型三电平逆变电路及其波形
（a）电路；（b）输出电压波形

以 U 相桥臂为例，有以下三种工作状态：

（1）VT1、VT2 导通，VT3、VT4 关断：当 U 相电流为正值时，电流从 P 经 VT1、VT2 至 U 点；当 U 相电流为负值时，电流从 U 点经 VD2、VD1 流回 P。无论 U 相电流正、负如何，U 点都接至 P，U 点和 N'点之间的电位差为 $U_d/2$，输出 $u_{UN'} = U_d/2$。

（2）VT3、VT4 导通，VT1、VT2 关断：当 U 相电流为正时，电流从 Q 经 VD4、VD3 流入 U 点；当 U 相电流为负值时，电流从 U 点经 VT3、VT4 流回 Q。无论 U 相电流正、负如何，U 点都接至 Q，U 点和 N'点间电位差为 $-U_d/2$，输出 $u_{UN'} = -U_d/2$。

（3）VT2、VT3 导通，VT1、VT4 关断：当 U 相电流为正值时，电流从 N'经 VD5、VT2 流至 U 点；当 U 相电流为负值时，电流从 U 点经 VD2、VD1 流回 N'点，输出 $u_{UN'} = 0$。

V 相、W 相桥臂输出电压 $u_{VN'}$、$u_{WN'}$ 按三相对称原则依次滞后 $2\pi/3$。这样线电压 $u_{UN} = $

$u_{UN'} - u_{VN'}$ 就输出 $\pm U_d$、$\pm U_d/2$ 和 0 五种电平状态。其阶梯形状更接近正弦波，输出电压谐波将大大优于通常的两电平逆变器。

三电平逆变器中每个功率开关器件所承受的电压仅为直流电源电压的一半，故特别适合高压大容量的应用场合。

用类似的方法，还可以构成五电平、七电平等更多的电路，统称为多电平逆变电路。

钳位式多电平逆变电路是由基本逆变单元通过串联、并联组合而成的，这一类结构形式的多电平逆变电路包括二极管钳位式、飞跨电容钳位式和混合钳位式多电平逆变电路。其中，二极管钳位式多电平逆变电路是开发最早的一种多电平逆变电路，目前已进入实用化阶段。

第六节 软开关技术

根据开关元件的工作状态，可以将开关分成硬开关和软开关两类。硬开关是指开关元件在导通和关断过程中，流过器件的电流和元件两端的电压在同时变化；软开关是指开关元件在导通和关断过程中，电压或电流之一先保持为零，一个量变化到正常值后，另一个量才开始变化直至导通或关断过程结束。由于硬开关过程中会产生较大的开关损耗和开关噪声。开关损耗随着开关频率的提高而增加，使电路效率下降，阻碍了开关频率的提高；开关噪声给电路带来了严重的电磁干扰问题，影响周边电子设备的正常工作。为了降低开关的损耗和提高开关频率，软开关的应用越来越多。

电力电子装置中磁性元件的体积和质量占很大比例，从电机学相关知识知道，使变压器、电力电子装置小型化、轻量化的途径是电路的高频化。但是，传统的开关器件工作在硬开关状态，在提高开关频率的同时，开关损耗和电磁干扰也随之增加。所以，不可以简单地提高开关频率。软开关技术是使功率变换器得以高频化的重要技术之一，它应用谐振的原理，使开关器件中的电流（或电压）按正弦或准正弦规律变化。当电流自然过零时，使器件关断（或电压为零时，使器件开通），从而减少开关损耗。它不仅可以解决硬开关变换器中的硬开关损耗问题、容性开通问题、感性关断问题及二极管反向恢复问题，而且能解决由硬开关引起的 EMI（电磁干扰）等问题。

一、软开关的原理

所谓"软开关"，是与"硬开关"相对应的。硬开关是在控制电路的开通和关断过程中，电压和电流的变化剧烈，产生较大的开关损耗和噪声，开关损耗随着开关频率的提高而增加，使电路效率下降，开关噪声给电路带来严重的电磁干扰，影响周边电子设备的工作；软开关是在硬开关电路的基础上，增加了小电感、电容等谐振器件，构成辅助换流网络，在开关过程前后引入谐振过程，开关在其两端的电压为零时导通，或使流过开关的电流为零时关断，使开关条件得以改善，降低传统硬开关的开关损耗和开关噪声，从而提高了电路的效率。软开关包括软开通和软关断。理想的软开通过程是：电压先下降到零后，电流再缓慢上升到通态值，所以，开通时不会产生损耗和噪声，软开通的开关称为零电压开关。理想的软关断过程是：电流先下降到零后，电压再缓慢上升到通态值，所以，关断时不会产生损耗和噪声，软关断的开关称为零电流开关。硬开关、软开关的开关过程如图 4-18 和图 4-19 所示。

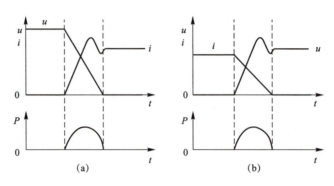

图 4-18　硬开关过程中的电压和电流波形

（a）开通过程；（b）关断过程

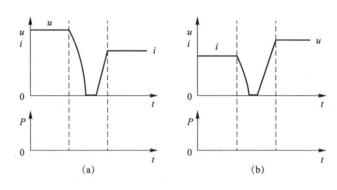

图 4-19　软开关过程中的电压和电流波形

（a）开通过程；（b）关断过程

硬开关过程：在开关过程中电压、电流均不为零，出现了重叠，因此有显著的开关损耗，而且电压和电流变化的速度很快，波形出现了明显的过冲，从而产生了开关噪声，这样的开关过程称为硬开关，主要的开关过程为硬开关的电路称为硬开关电路。

软开关过程：通过在开关过程前后引入谐振，使开关开通前电压先降到零，关断前电流先降到零，就可以消除开关过程中电压、电流的重叠，降低它们的变化率，从而大大减小甚至消除开关损耗。

二、软开关的分类

（1）根据开关元件开通和关断时电压、电流状态，可分为零电压开关和零电流开关两大类。

①零电压开关：

a. 零电压开通：开关开通前其两端电压为零，开通时不会产生损耗和噪声。

b. 零电压关断：与开关并联的电容能延缓开关关断后电压上升的速率，从而降低关断损耗。

②零电流开关：

a. 零电流关断：开关关断前其电流为零，关断时不会产生损耗和噪声。

b. 零电流开通：与开关串联的电感能延缓开关开通后电流上升的速率，降低了开通损耗。

（2）根据软开关技术发展的历程可以将软开关电路分成准谐振电路、零开关 PWM 电路和零转换 PWM 电路。

①准谐振电路：准谐振电路中电压或电流的波形为正弦半波，因此称为准谐振。批准是最早出现的软开关电路。其电压峰值很高，要求器件耐压必须提高；谐振电流有效值很大，电路中存在大量无功功率的交换，电路导通损耗加大；谐振周期随输入电压、负载变化而改变，因此，电路只能采用脉冲频率调制（Pulse Frequency Modulation，PFM）方式来控制。准谐振电路可分为零电压开关准谐振电路、零电流开关准谐振电路、电压开关多谐振电路、用于逆变器的谐振直流环节电路。其拓扑图如图 4-20 所示。

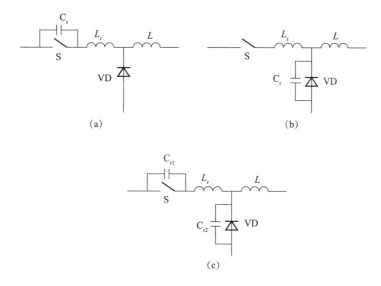

图 4-20　准谐振电路拓扑图

（a）零电压开关准谐振电路的基本开关单元；（b）零电流开关准谐振电路的基本开关单元；（c）零电压开关谐振电路的基本开关单元

②零开关 PWM 电路：引入了辅助开关来控制谐振的开始时刻，使谐振仅发生于开关过程前后。其电路在很宽的输入电压范围内和从零负载到满载都能工作在软开关状态；电路中无功功率的交换被削减到最小，这使得电路效率有了进一步提高。零开关 PWM 电路可分为零电压开关 PWM 电路、零电流开关 PWM 电路。其拓扑如图 4-21 所示。

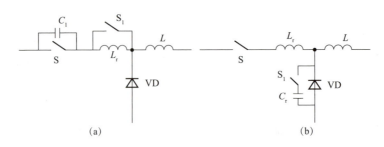

图 4-21 零开关 PWM 电路拓扑图
(a) 零电压开关 PWM 电路的基本开关单元；(b) 零电流开关 PWM 电路的基本开关单元

③零转换 PWM 电路：采用辅助开关控制谐振的开始时刻，但谐振电路是与主开关并联的。其特点为电路在很宽的输入电压范围内和从零负载到满载都能工作在软开关状态；电路中无功功率的交换被削减到最小，这使得电路效率有了进一步提高。零转换 PWM 电路可分为零电压转换 PWM 电路、零电流转换 PWM 电路。其拓扑如图 4-22 所示。

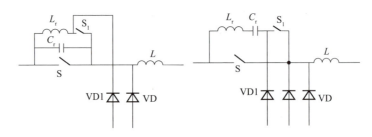

图 4-22 零转换 PWM 拓扑图
(a) 零电压转换 PWM 电路的基本开关单元；(b) 零电流转换 PWM 电路的基本开关单元

本章主要介绍了逆变电路、PWM 控制技术和软开关技术。

1. 逆变电路。本章主要介绍了逆变电路的概念及工作原理。换流方式在逆变电路中表现得最为集中，换流方式可分为外部换流和自然换流两大类。外部换流包括电网换流和负载换流两种；自然换流包括器件换流和强迫换流两种。换流概念是电力电子电路中一个重要的基本概念。

2. PWM 控制技术。PWM 控制技术是电力电子技术领域应用最为广泛的技术。PWM 控制技术产生于晶闸管时代，以 IGBT、电力 MOSFET 等为代表的全控型器件的不断完善，使 PWM 控制技术得到了迅猛发展，使它应用到 AC－DC、DC－AC、DC－DC、AC－AC 的所有四大类变流电路中。

PWM 控制技术用于整流电路即构成 PWM 整流电路，它属于斩控电路的范畴，这种技术可以看成逆变电路中的 PWM 向整流电路的延伸，以 PWM 控制技术为代表的斩控技术正越来越占据着主导地位。

3. 软开关技术。硬开关技术存在开关损耗和开关噪声，随着开关频率的提高会进一步严重。软开关技术的出现，改善了硬开关存在的损耗、噪声等问题，提高了开关的频率。软开关技术在电路中引入谐振改善了开关条件，在很大程度上解决了这两个问题。

1. 什么是 DC – AC 变换器？DC – AC 变换器可分为哪几类？
2. 电动汽车中使用的 DC – AC 变换器主要功能有哪些？
3. 试说明逆变器的基本工作原理。
4. 逆变器有哪几种换流方式？具体内容是什么？
5. 电压型逆变电路有何特点？
6. 电流型逆变电路有何特点？
7. 电压型逆变电路中反馈二极管的作用是什么？为什么电流型逆变电路中没有反馈二极管？
8. 在串联二极管式电流型逆变电路中，二极管的作用是什么？试分析换流过程。
9. 什么是方波逆变电路？
10. 试说明单相半桥方波逆变电路的工作原理。
11. 试说明 PWM 控制的工作原理。
12. 对比软开关与硬开关的开通和关断过程，它们有何特点？

第五章

DC-DC 变换电路

第一节 DC-DC 变换电路概述

DC-DC 变换器是将一种电平的直流电压变换为另一种电平的直流电压的电力电子装置。变换器的输入是一个已经经过滤波之后的直流电压,但是其可以是固定不变的;变换器的输出是可变的直流电压,也针对许多应用设计成多种输出电压。除开关器件外,DC-DC 变换器还包含电感和电容等储能元件。功率器件的开关频率一般比较高,部分甚至可以达到几百千赫,所以,储能元件的尺寸可以做到很小。变换器的效率可以很高,达到 90% 以上。

电动汽车 DC-DC 转换器

根据是否使用隔离变压器,DC-DC 变换器可分为隔离式 DC-DC 变换器和非隔离式 DC-DC 变换器。非隔离式 DC-DC 变换器一般都有一个开关和一个二极管,有的可能还会有一个电感和一个电容等储能元件。当然还有一些其他类型的非隔离式 DC-DC 变换器,其电路拓扑中有两个开关、两个二极管和一些储能元件。在许多应用场合,包括在电动汽车和混合动力汽车中需要实现输入和输出的电气隔离。隔离式 DC-DC 变换器就是一种有高频隔离变压器的基本拓扑结构。

在新能源电动汽车的电力系统和设备中,系统中的直流母线不可能满足性能各异、种类繁多的元器件(包括集成组件)对直流电源的电压等级、稳定性等要求。因而必须采用各种 DC-DC 变换器功率变换模块来满足电子系统对直流电源的各种需求。

电动汽车和混合动力汽车中主要有 3 个地方用到大功率 DC-DC 变换器:用于电力传动的升压变换器;用于给 12 V 电子电路供电的降压变换器;用于电池均衡储能的变换器。非隔离式 DC-DC 变换器在电动汽车和混合动力汽车上主要用于升压驱动电机带动传动系统工作。新能源汽车中的 12 V 电子电路主要由降压隔离式 DC-DC 变换器供电。

新能源电动汽车的 DC-DC 功率变换器,有降压、升压、双向三种形式,DC-DC 是指将一个固定的直流电压变换为可变的直流电压,也称为直流斩波器。其主要功能是给车灯、电器控制设备 ECU、小型电器等车辆附属设备供给电力和向附属设备电源充电。其作用与传统内燃机汽车的交流发电机相似。传统汽车依靠发动机带动交流发电机发电供给附属用电设备和附属设备的电源。由于纯电动汽车和燃料电池电动汽车无发动机、混合动力汽车的发动机并不是不间断地工作，并且多带有"自动停止怠速"设备，因此新能源电动汽车无法使用交流发电机提供电源，必须靠动力电池向附属用电设备及电源供电，故而DC-DC变换器成为必备设备。

DC-DC功率变换器，被广泛应用于无轨电车、地铁列车、电动汽车的无级变速和控制，同时，使上述控制具有加速平稳、快速响应的性能。用直流斩波器代替变阻器可节约电能20%~30%。直流斩波器不仅能起调压的作用（开关电源），同时，还能起到有效地抑制电网侧谐波电流噪声的作用。DC-DC变换是将原直流电通过调整其占空比（PWM）来控制输出的有效电压的大小。DC-DC变换器又可以分为硬开关和软开关两种。

在各种电动汽车中，功率变换器主要实现下列功能：

（1）不同电源之间的特性匹配。例如，可利用DC-DC变换器实现燃料电池和动力电池之间的特性匹配。

（2）驱动辅助系统中的直流电动机。在小功率（一般低于5 kW）直流电动机驱动的转向、制动等辅助系统中，一般直接采用DC-DC变换器供电。

（3）给低压辅助蓄电池充电。在电动汽车中，需要高压电源通过降压变换器给辅助电池充电。

一般来说，电动汽车电源系统输出的是直流能量，而电机驱动系统输入的也是直流能量。因而，电源系统和驱动系统的功率变换问题，实际上就是一个直流功率的变换问题，即DC-DC变换器的功率变换问题。

一般电动汽车动力电源系统的输出特性偏软，难以直接与电机驱动器匹配。在电源系统加负载的起始阶段，输出电压下降较快，但随着负载的增加，电流增大，电压下降，下降的斜率会出现一个特定的曲线，这种特性使电源系统的输出功率波动进而导致车辆整体效能的下降。

在电池系统与汽车驱动系统之间加入DC-DC变换器，使电池系统和DC-DC变换器共同组成电源系统对驱动系统供电，从而增强驱动系统的稳定性。因此，合理的DC-DC变换器的设计对电动汽车电源系统也具有重要的意义。

一般电动汽车功率变换器要求具有以下特点：

（1）变换功率大。由于电动汽车电机系统在启动、爬坡、加速时要求的功率较大，为保证车辆的动力性能，功率变换器一般功率较大，使用大电流电力电子器件，进行双路或多路设计。

（2）输出响应快捷。电动汽车在行驶过程中对驱动系统的动力响应提出了很高的要求。其实也是对功率变换器提出了很高的要求。功率变换器的输出响应必须跟上车辆路况等因素对驱动电机输出功率变化的要求，否则会影响整车性能。

（3）工作稳定，抗电磁干扰。电动汽车行驶的安全性，要求功率变换器要具有很强的稳定性，特别是在电动汽车这个相对比较恶劣的电磁环境下，抗电磁干扰性能尤其重要。

（4）控制方便、准确。从整体上看，电动汽车的功率变换器不仅仅是一个功率变换的过程，实际上也是一个动力系统能量输出的控制过程。因此，要使其功率变换器有好的可控制性，在设计功率变换器时，明确其控制策略是很重要的环节。

（5）具有能量回馈功能。电动汽车能量回收系统是电动汽车有限能量高效率使用的一个重要措施。作为连接动力系统和电源系统的桥梁，功率变换器还必须具有能量回馈功能，以满足能量回收的需要。因此，电动汽车的功率变换器一般为双向设计。

第二节　基本斩波电路

直流斩波电路（DC Copper）包括六种基本斩波电路，其中最基本的两种是降压斩波电路和升压斩波电路，本节进行重点介绍。

一、降压斩波电路

平均直流输出电压低于直流输入电压的变换电路称为降压 DC - DC 变换电路，也称为 Buck 变换器（Buck Converter）或降压斩波电路（Buck Chopper）。降压斩波电路的原理图及工作波形如图 5-1 所示。图 5-1（a）中使用一个全控型器件 V，图中为 IGBT。图中设置了续流二极管 VD，在 V 关断时给负载中电感电流提供通道。

降压斩波电路存在电流连续和电流断续两种工作模式。

1. 电感电流连续的工作模式

电流连续时全控型器件 IGBT 的栅极电压 u_{GE} 波形如图 5-1（b）所示。

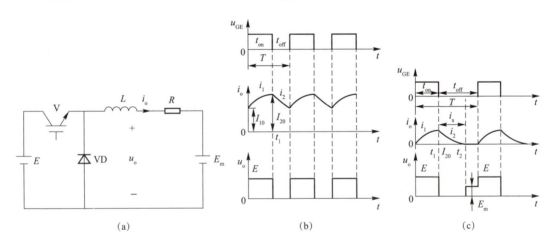

图 5-1　降压斩波电路的原理图及工作波形
（a）电路图；（b）电流连续时的波形；（c）电流断续时的波形

$t=0$ 时刻驱动 V 导通，t_{on} 为 V 处于通态的时间，在此期间电源 E 向负载供电，负载电流 i_o 按指数曲线上升，V 导通期间负载电压 $u_o = E$。

$t = t_1$ 时控制 V 关断，t_{off} 为 V 处于断态的时间，在此期间二极管 VD 续流，负载电流呈指数曲线下降，负载电压 u_o 近似为零。通常电路中串联较大电感 L 使负载电流连续且脉动小。一个周期结束，再驱动 V 导通，重复上一个周期过程。

在稳态条件下，电感两端电压在一个开关周期内的平均值为零。电路处于稳态时，电路中的电压、电流等变量都是按开关周期严格重复的，因此，每一个开关周期开始的电感电流值必然都相等。而电感电流是不能够突变的，故开关周期开始时的电感电流等于上一个开关周期结束时的电感电流值。图 5-1（a）所示的电路工作在稳定状态时，负载电流在一个周期内的初值和终值始终相等。

由图 5-1（b）中输出电压 u_o 的波形图可知，电流连续时负载电压平均值为

$$U_o = \frac{t_{on}}{t_{on} + t_{off}} E = \frac{t_{on}}{T} E = DE \tag{5-1}$$

式中，T 为开关周期，$D = t_{on}/T$ 为导通占空比，简称占空比或导通比。

由式（5-1）可知，输出到负载的电压平均值 U_o 最大为 E，减小占空比 D，U_o 随之减小。由于 $0 < D < 1$，该斩波电路的输出电压总是小于输入电压，因此称为降压斩波电路。

负载平均电流值为

$$I_o = \frac{U_o - E_m}{R} \tag{5-2}$$

以上关系还可以从能量传递关系推导。由于一个周期中，忽略电路中的损耗，则电源提供的能量与负载消耗的能量相等，即

$$EI_o t_{on} = RI_o^2 T + E_m I_o T \tag{5-3}$$

两边同除以 $I_o T$ 得

$$I_o = \frac{DE - E_m}{R} = \frac{U_o - E_m}{R} \tag{5-4}$$

L 值为无穷大时，负载电流平均值的情况下，假设电源电流平均值为 I_1，则有

$$I_1 = \frac{t_{on}}{T} I_o = DI_o \tag{5-5}$$

其值小于或等于负载电流 I_o，由式（5-5）得

$$EI_1 = DEI_o = U_o I_o \tag{5-6}$$

即输出功率等于输入功率，因此可将降压斩波器看作直流降压变压器。

由式（5-1）、式（5-4）及式（5-5）可见，直流斩波电路的输出电压、输出电流及电源电流都与驱动信号的占空比 D 有关，改变占空比，就能连续地调节输出电压及输出功率。改变占空比的方法有下述三种：

（1）脉冲宽度调制（PWM）方式，又称为定频调宽控制方式，是指保持开关器件的开关周期 T 不变，调节开关导通时间 t_{on}，从而调节占空比 D 的控制方式。

在这种方式中，PWM 脉冲一般采用直流信号与频率和幅值都固定的三角调制波比较的方法产生，其原理如图 5-2 所示。改变控制电压 u_r 的幅值就可以改变 u_c 的脉冲宽度，即改

变了占空比 D。

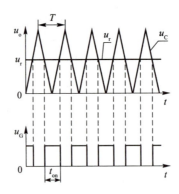

图 5-2 直流斩波 PWM 示意

采用这种控制方式的斩波器，由于其工作频率是固定的，因此滤去高次谐波的滤波器比较容易设计。

（2）脉冲频率调制（PEM）方式，又称为定宽频率控制方式，是指保持开关器件的导通时间 t_{on} 不变，改变周期 T，从而调节占空比 D 的控制方式。这种控制方式由于开关频率是变化的，输出电压的频率也是变化的，因此滤波器的设计比较困难。

（3）调频调宽混合调制方式，是前两种控制方式的综合，既改变开关周期 T，又改变开关导通时间 t_{on} 的控制方式。通常用于需要大幅度改变输出电压的场合。

连续调节输出电压及输出功率，除上述改变占空比的方式外，还有滞环比较控制等瞬时值控制方式。瞬时值控制方式将希望输出的电流或电压作为给定信号，将实际电流或电压作为反馈信号，通过两者的瞬时值比较来决定斩波电路开关器件的通断，使实际输出跟踪给定值的变化。

2. 电感电流断续的工作模式

若负载中电感 L 值较小，V 关断后到 t_2 时刻，负载电流已衰减到零，出现负载电流断续的情况，如图 5-1（c）所示，和图 5-1（b）比较可知，负载电压 u_o 平均值被抬高了。

利用分段线性化分析方法可以推导，电流断续时有 $I_{10}=0$，且 $t=t_{on}+t_X$ 时，$i_2=0$，可求出 t_X 为

$$t_X = \tau \ln\left[\frac{1-(1-m)e^{-\alpha\rho}}{m}\right] \tag{5-7}$$

其中 $\tau = L/R$，$\rho = T/\tau$，$m = E_m/E$，$t_1/\tau = \dfrac{t_1}{T} \times \dfrac{T}{\tau} = \alpha\rho$。

电流断续时，$t_X < t_{off}$，由此得出电流断续的条件为

$$m > \frac{e^{\alpha\rho}-1}{e^{\rho}-1} \tag{5-8}$$

根据这个条件可以判断电路负载电流是否连续。通常在直流电动机的拖动系统中要求电流连续，故对电感的最小值有一定的要求。

二、升压斩波电路

升压斩波电路（Boost Chopper）的原理图及工作波形如图 5-3 所示。

1. 工作原理

假设电路中的电感 L 和电容 C 值都很大。

当全控器件 V 处于通态时，电源 E 向电感 L 充电，电流基本恒定为 I_1，电容 C 向负载 R 供电，输出电压 U_o 恒定。设 V 处于通态的时间为 t_{on}，则此阶段电感 L 上积蓄的能量为 $EI_1 t_{on}$。

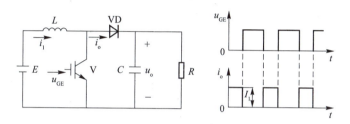

图 5-3　升压斩波电路的原理图及工作波形
（a）电路图；（b）波形图

当全控器件 V 处于断态时，电源 E 和电感 L 同时向电容 C 充电，并向负载提供能量。因 C 值很大，输出电压 u_o 基本为恒定值，用 U_o 表示。设 V 处于断态的时间为 t_{off}，则此期间电感释放的能量为 $(U_o - E) I_1 t_{off}$。

当电路工作处于稳态时，一个周期 T 中电感储存的能量和释放的能量相等，则有

$$EI_1 t_{on} = (U_o - E) I_1 t_{off} \tag{5-9}$$

化简得

$$U_o = \frac{t_{on} + t_{off}}{t_{off}} E = \frac{T}{t_{off}} E = \frac{1}{1-D} E \tag{5-10}$$

由于 $0 < D < 1$，输出电压高于电源电压，故称该电路为升压斩波电路，也称为 Boost 变换器（Boost Converter）。

升压斩波电路输出电压高于电源电压，关键有两个原因：一是电感 L 储能之后具有使电压泵升的作用；二是电容 C 可将输出电压保持住。

如忽略电路中的损耗，则由电源提供的能量仅由负载 R 消耗，即

$$EI_1 = U_o I_o \tag{5-11}$$

因此和降压斩波电路一样，升压斩波器也可看作直流变压器。

根据式（5-10）可得出输出电流的平均值 I_o 为

$$I_o = \frac{U_o}{R} = \frac{1}{1-D} \frac{E}{R} \tag{5-12}$$

根据式（5-11），电源电流 I_1 为

$$I_1 = \frac{U_o}{E}I_o = \frac{1}{(1-D)^2}\frac{E}{R} \tag{5-13}$$

2. 升压斩波器的典型应用

升压斩波器目前的典型应用有三种：一是用于直流电动机驱动系统；二是作为单位功率因数校正电路；三是电池供电设备中的升压电路、液晶背光电源等。

当用于直流电动机驱动系统时，通常是直流电动机工作在再生制动状态，将电能回馈给直流电源，这就是新能源汽车的回馈制动。此时电路工作波形如图 5-4 所示。

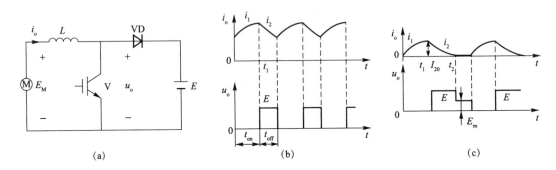

图 5-4 直流电动机再生制动

（a）电路图；（b）电流连续时电压和电流的波形图；（c）电流断续时电压和电流的波形

电动机的反电动势相当于图 5-3 中的电源，而此时直流电源相当于图 5-3 中的负载。由于该电路中直流电源的电压基本是恒定的，因此不必并联电容器，并假设电路中 L 值很大。

当全控器件 V 处于通态时，E_m 向 L 充电，充电电流恒为 I_1，设 V 处于通态的时间为 t_{on}，此阶段 L 上积蓄的能量为 $E_m I_1 t_{on}$；当全控器件 V 处于断态时，E_m 和 L 共同向 E 供电。设 V 处于断态的时间为 t_{off}，供电电流恒为 I_2，则此期间电感 L 释放的能量为 $(E - E_m)I_2 t_{off}$。

稳态时，一个周期 T 中电感 L 存储能量与释放能量相等，即

$$E_m I_1 t_{on} = (E - E_m)I_2 t_{off} \tag{5-14}$$

L 值很大，即 $I_1 \approx I_2$，因此有

$$E = \frac{t_{on} + t_{off}}{t_{off}}E_m = \frac{T}{t_{off}}E_m = \frac{1}{1-D}E_m \tag{5-15}$$

以上讨论是平波电抗器 L 无穷大、负载电流没有脉动的情况。

当电枢电流断续时，输出电压和电流波形如图 5-4（c）所示，同样用分段线性化分析方法可以推导，电枢电流断续工作状态时

$$m < \frac{1 - e^{-\alpha\rho}}{1 - e^{-\rho}} \tag{5-16}$$

根据这个条件可以判断电路负载电流是否连续。

三、其他几种斩波电路

1. 升降压斩波电路

升降压斩波电路（Buck – Boost Chopper）的电路原理图和工作波形如图 5-5 所示。

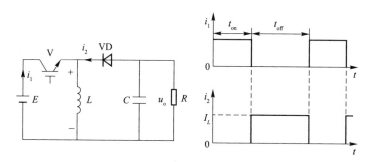

图 5-5　升降压斩波电路原理图及其工作波形
(a) 电路图；(b) 波形图

设电路中电感 L 值很大，电感电流 i_L 基本为恒定值；电容 C 值也很大，电容电压即负载电压 u_o 基本为恒定值。

工作原理：当开关 V 处于通态时，电源 E 经 V 向电感 L 供电使其存储能量，此时电流为 i_1，方向如图 5-5（a）所示，同时电容 C 维持输出电压基本恒定并向负载 R 供电。而使 V 关断时，L 存储的能量向负载释放，电流为 i_2，方向如图 5-5（a）所示。负载电压极性为上负下正，与电源电压极性相反，该电路也称作反极性斩波电路。

基本的数量关系：稳态时，一个周期 T 内电感 L 两端电压 u_L 对时间的积分为零，即 $\int_0^T u_L dt = 0$；当 V 处于通态期间时，$u_L = E$，时间为 t_{on}；而当 V 处于断态期间时，$u_L = -u_o$，时间为 t_{off}。于是有 $Et_{on} = U_o t_{off}$。

输出电压为

$$U_o = \frac{t_{on}}{t_{off}} E = \frac{t_{on}}{T - t_{off}} E = \frac{D}{1 - D} E \tag{5-17}$$

改变占空比 D，输出电压可以比电源电压高，也可以比电源电压低。当 $0 < D < 1/2$ 时为降压，当 $1/2 < D < 1$ 时为升压，因此该电路称作升降压斩波电路（也称 Buck – Boost Chopper）。

设电源电流 i_1 和负载电流 i_2 的平均值分别为 I_1 和 I_2，当电流脉动足够小时，如图 5-5（b）所示，有 $\frac{I_1}{I_2} = \frac{t_{on}}{t_{off}}$，因此

$$I_2 = \frac{t_{off}}{t_{on}} I_1 = \frac{1-D}{D} I_1 \tag{5-18}$$

设 V、VD 均为理想元件时，则输出功率和输入功率相等，即 $EI_1 = U_o I_2$，因此可以看作直流变压器。

2. Cuk 斩波器

Cuk 斩波电路的原理图如图 5-6 所示。

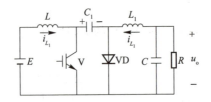

图 5-6 Cuk 斩波电路

工作原理：当可控开关 V 处于通态时，电流分别流过 $E-L-V$ 回路和 $C-L_1-C_1-V$ 回路；当 V 关断时，电流分别流过 $E-L-C_1-VD$ 回路和 $C-L_1-VD$ 回路，输出电压的极性与电源电压极性相反。

设两个电感电流都连续，分别计算电感 L 和 L_1 一个开关周期内的平均值为

$$U_L = ED + (E - U_{C_1})(1-D)$$
$$U_L = (U_{C_1} + U_o)D + U_o(1-D)$$

在稳态条件下，电感两端电压在一个开关周期内的平均值为零，即 $U_L=0$，$U_{L_1}=0$，然后联立方程，消去 U_{C_1} 可得输出电压与开关通断的占空比间的关系为

$$U_o = -\frac{D}{1-D}E \tag{5-19}$$

等式右边的负号表示输出电压的极性与电源电压极性相反，其输出电压可以高于输入电压也可以低于输入电压。

Cuk 斩波电路的特点与升降压电路相似，因此也常有相同的用途，但 Cuk 型电路较为复杂，因此使用不甚广泛。但该电路有一个明显的优点是输入电源和输出负载电流都是连续的，且脉动小，有利于对输出进行滤波。

3. Sepic 斩波电路

Sepic 斩波电路的原理图如图 5-7 所示。

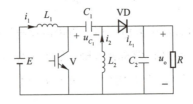

图 5-7 Sepic 斩波电路

工作原理：当可控开关 V 处于通态时，$E-L_1-V$ 回路和 C_1-V-L_2 回路同时导通，L_1 和 L_2 储能。V 关断时，$E-L_1-C_1-VD-$ 负载（C_2 和 R）回路及 L_2-VD- 负载回路同时导通，此阶段 E 和 L_1 既向负载供电，也向 C_1 充电（C_1 储存的能量在 V 处于通态时向 L_2 转移）。

输入输出关系为

$$U_o = \frac{t_{on}}{t_{off}}E = \frac{t_{on}}{T-t_{on}}E = \frac{D}{1-D}E \tag{5-20}$$

Sepic 斩波器电路可以用于要求输出电压较低的单相功率因数校正电路。

4. Zeta 斩波电路

Zeta 斩波电路的原理图如图 5-8 所示。

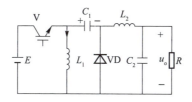

图 5-8　Zeta 斩波电路

工作原理：可控开关 V 处于通态时，电源 E 经过开关 V 向电感 L_1 储能，同时 E 和 C_1 经 L_2 向负载供电。V 关断时，L_1 – VD – C_1 构成振荡回落，L_1 储存的能量转移至 C_1，同时 L_2 的电流则经 VD 续流。

输入关系为

$$U_o = \frac{D}{1-D}E \tag{5-21}$$

第三节　复合斩波电路和多重斩波电路

复合斩波电路是利用降压斩波电路和升压斩波电路两种不同基本斩波电路组合而成的一种电路结构，如电流可逆斩波电路和桥式可逆斩波电路。多重斩波电路是利用相同结构基本斩波电路组合而成的一种电路结构，如本节要讲述的三重斩波。

一、电流可逆斩波电路

在直流电动机的斩波控制中，电动机既可以工作在第Ⅰ象限的电动运行状态，又可以工作在第Ⅱ象限将能量回馈电源的再生制动状态，从电动状态到再生制动的切换需要通过对电路本身的控制来实现。电流可逆斩波是将降压斩波电路和升压斩波电路两种不同基本斩波电路组合在一起来拖动直流电动机。电动机的电枢电流可逆（即电流可正可负），但电压只能是一种极性，故可工作在第Ⅰ象限和第Ⅱ象限。图 5-9（a）给出了电流可逆斩波电路的原理电路图。

在电路图中，V1 和 VD1 构成降压斩波电路，电动机工作于电动运行状态，即第Ⅰ象限。V2 和 VD2 构成升压斩波电路，电动机工作于再生制动运行状态，即第Ⅱ象限。由于 V1 和 V2 同时导通会导致电源短路，因此要避免这种情况的发生。

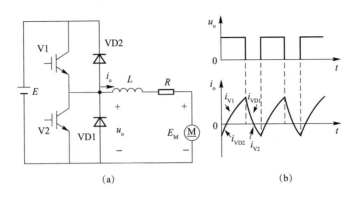

图 5-9 电流可逆斩波电路及其波形

（a）电路图；（b）波形图

V1 导通，降压斩波电路工作，输出电流 $i_o>0$，电源向直流电动机供电，V2 和 VD2 总处于断态；当降压斩波电路的 V1 关断后，由于电抗器 L 积蓄的能量少，经 VD1 续流时间较短，电抗器 L 的储能释放完毕，电枢的电流为零。

V2 导通，升压斩波电路工作，输出电流 $i_o<0$，由于电动机反电动势 E_m 的作用是电枢电流反向流过，电抗器 L 储存能量，待 V2 关断后，由于 L 积蓄的能量 E_m 的共同作用使 VD2 导通，向电源反送能量。

当反向电流变为零时，即 L 积蓄的能量释放完毕时，再次使 V1 导通，又形成正向电流。一个周期内，当一种斩波电路电流断续而为零时，使另一个斩波电路工作，让电流反向流过，这样，电动机电枢回路总有电流流过，电流不断，响应很快。图 5-9（b）所示为这种工作方式下的输出电压和电流波形。

当然，该电路也可以只作降压斩波器运行或只作升压斩波器运行，两种工作情况与前面讨论的完全一样，因此共有三种工作方式。

二、桥式可逆斩波电路

电流可逆斩波电路虽可以使电动机的电枢电流可逆，实现电动机的两象限运行，但其所能提供的电压极性是单向的。当需要电动机可以在正转电动、正转再生制动、反转电动、反转再生制动的四象限工作时，可采用桥式可逆斩波电路。其电路结构如图 5-10 所示。

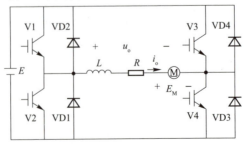

图 5-10 桥式可逆斩波电路

V4 导通时，该电路等效为图 5-9（a）所示的电流可逆斩波电路，提供正电压，可使电动机工作于第 Ⅰ、Ⅱ 象限。而当 V2 导通时，V3、VD3 和 V4、VD4 等效为又一组电流可逆斩波电路，其中 V3、VD3 构成降压斩波向电动机提供负电压，使电动机工作在第 Ⅲ 象限即反转电动状态，而 V4、VD4 构成升压斩波，可使电动机工作于第 Ⅳ 象限即反转制动状态。

三、多重斩波电路

多重斩波电路由多个结构相同的基本斩波电路并联构成。图 5-11（a）所示的电路由三个降压斩波电路并联构成，称为三重降压斩波电路。图 5-11（b）所示为其工作波形。

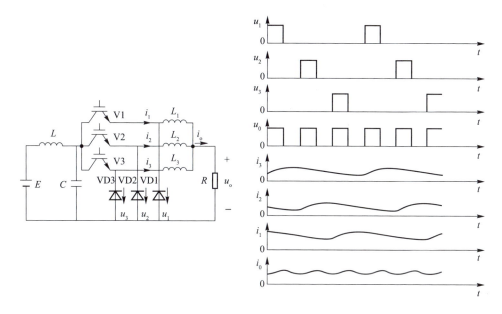

图 5-11　三重降压斩波电路及其波形

（a）电路原理图；（b）波形图

三重降压斩波电路的总输出电流为三个斩波电路单元输出电流之和，其平均值为单元输出电流平均值的 3 倍，脉动频率也为 3 倍。由于三个单元电流的脉动幅值互相抵消，使总输出电流脉动幅值变得很小。

由此可见，多重斩波电路总输出电流最大脉动率（电流脉动幅值与电流平均值之比）与相数的平方成反比，且输出电流脉动频率提高，因此，与单个斩波电路相比，在输出电流最大脉动率一定时，所需平均电抗器总质量大为减轻。

多重斩波电路还具有备用功能，当某一斩波单元发生故障时，其余单元可以继续运行，提高了电路的总体可靠性。

第四节　间接 DC – DC 变换电路

间接 DC – DC 变换电路的结构如图 5-12 所示，与直流斩波电路相比，电路中增加了交流环节，因此也称为直—交—直电路。

图 5-12 间接 DC–DC 变换电路的结构

与直流斩波电路相比，间接直流变换电路具有以下特点：

（1）由于输入端与输出端是隔离的，适用于隔离的场合。

（2）变压器的二次侧可以有多个绕组，适用于某些需要相互隔离的多路不同电压或相同电压输出的场合。

（3）由于变压器的电压比可以远大于 1 或远小于 1，使用于输出电压与输出电压的升压、降压比例较大的场合，扩大了变换器的应用范围。

（4）交流环节采用较高的工作频率，可以减小变压器和滤波电感、滤波电容的体积和质量，降低变换器的噪声。

（5）逆变部分多采用恒压恒频控制方式，多用于需要恒压输出的场合，如家用电器、微机等的开关电源。

间接直流交流电路可分为单端（Single End）电路和双端（Double End）电路两大类。

一、单端电路

在单端电路中，变压器中流过的是直流脉动电流。如果开关管导通时，电源将能量直接传送至负载则称为正激变换器（Forward Conerter）；如果开关管导通时，电源将电能转为磁能存储在电感中，当开关管关断时再将磁能变为电能传递到负载则称为反激变换器（Flyback Converter）。

1. 正激电路（Forward）

正激电路的原理图和理想化波形如图 5-13 所示。

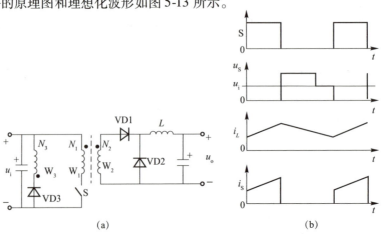

图 5-13 正激电路的原理图和理想化波形

（a）电路原理图；（b）理想化波形

图 5-13 中 S 为开关管，VD1 和 VD2 为高频二极管，VD3 为续流二极管。开关 S 开通时，变压器绕组 W_1 两端的电压为上正下负，与其耦合的绕组 W_2 两端的电压也是上正下负，因此 VD1 处于通态，VD2 为断态，电感 L 的电流逐渐增长，能量存储在电感中。S 关断时，电感 L 通过 VD2 续流，VD1 关断，存储在电感 L 中的能量继续提供电流给负载。

变换器的输出电压为

$$U_o = \frac{N_2}{N_1}\frac{T_{on}}{T}U_1 = \frac{N_2}{N_1}DU_1 \qquad (5-22)$$

即输出电压仅取决于变比 N_2/N_1、占空比 D 和输入电压 U_1，而与负载电阻无关。

变压器的第三绕组 W_3 称为钳位绕组，其匝数与一次绕组匝数相同，并与二极管 VD3 相串联。当开关 S 导通时，钳位绕组 W_3 的电感中也存储能量；当开关 S 关断时，钳位绕组上的感应电压超过电源电压时，二极管 VD3 导通，存储在变压器中的能量经钳位绕组 W_3 和二极管 VD3 反送回电源。这样，就可以将一次绕组的电压限制在电源电压上。为满足磁芯复位的要求，使磁通建立和复位的时间相等，这种电路的占空比不能超过 0.5。

正激电路适用的输出功率范围在数瓦至数千瓦之间，广泛应用于通信电源等电路中。

2. 反激电路（Flyback）

反激电路原理图及其工作波形如图 5-14 所示。

图 5-14（a）中 S 为开关管，VD 为高频二极管。S 开通后，输入电压 U_1 加到了变压器一次侧，绕组 W_1 的电流线性增长，电感储能增加。根据变压器同名端的极性，二次侧绕组上的感应电动势为下正上负，二极管 VD 截止，二次绕组 W_2 中没有电流流过。当 S 关断时，二次侧绕组 W_2 中感应电动势上正下负，二极管 VD 导通。在 S 导通期间，存储在变压器中的能量通过二极管 VD 向负载释放，在工作中变压器起储能电感的作用。输出电压波形如图 5-14（b）所示。

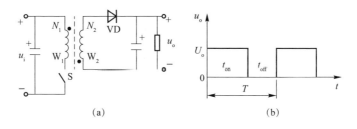

图 5-14 反激电路原理图和工作波形

（a）电路原理图；（b）输出电压波形

在电流连续的情况下，输出电压表达式为

$$U_o = \frac{N_2}{N_1}\frac{t_{on}}{t_{off}}u_i = \frac{N_2}{N_1}\frac{D}{1-D}u_i \qquad (5-23)$$

输出电压只决定于绕组的变比 N_2/N_1、占空比 D 和输入电压 U_1。一般情况下，反激变换电路的工作占空比 D 小于 0.5。

如果 S 开通前，W_2 绕组中的电流已经下降到零，此时工作于电流断续模式，输出电压高于电流连续情况下计算值，并随负载减小而升高，在负载为零的极限情况下，$U_o \to \infty$，这将损坏电器中的元件，因此，反激电路应该避免负载开路状态。

由于高频隔离变压器除一次侧和二次侧外，还有变压器和扼流圈的作用，因此理论上反激电路的输出无须电感，但是在实际应用中，往往需要在电容器 C 之前加一个电感量小的平波电感来降低开关噪声。

二、双端电路

在双端电路中，变压器的电流是正负对称的交流电流，这使得变压器铁芯的利用率高，铁芯体积减小为等效单端电路变压器的一半。双端电路包括半桥、全桥和推挽等类型。

1. 半桥电路

半桥电路的原理图及其工作波形如图 5-15 所示。

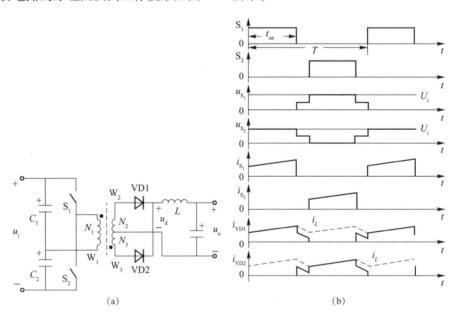

图 5-15 半桥电路的原理图

（a）电路原理图；（b）理想化波形

变压器一次侧的两端分别连接在容量相等的电容 C_1、C_2 的中点和开关 S_1、S_2 的中点，输入电容 C_1、C_2 的中点电压为 $U_i/2$。开关 S_1 和 S_2 的驱动信号分别是两个互为相反的信号，为避免上下两个开关在换流的工程中出现同时导通而造成短路，每个开关各自的占空比不超过 50%，而且要留有一定的裕量。

工作过程：S_1 导通时，二极管 VD1 处于通态，S_2 导通时，二极管 VD2 处于通态，当两个开关都关断时，变压器绕组 W_1 中的电流为零，根据变压器的磁动势平衡方程，绕组 W_2 和 W_3 中的电流大小相等而方向相反，所以 VD1 和 VD2 都处于通态，各分担一半的电流，S_1 或 S_2 导通时电感 L 的电流逐渐上升，两个开关都关断时，电感 L 的电流逐渐下降。S_1 和 S_2 断态时承受的峰值电压均为 U_i。

滤波电感 L 的电流连续时输出电压为

$$U_o = \frac{N_2 t_{on}}{N_1 T} U_i = \frac{N_2}{N_1} D U_i \tag{5-24}$$

输出电感电流不连续，输出电压 U_o 将高于电流连续时的值，并随负载减小而升高，在负载为零的极限情况下，$U_o = \frac{N_2}{N_1} \frac{U_i}{2}$。

2. 全桥电路

全桥电路的原理图及其工作波形如图 5-16 所示。

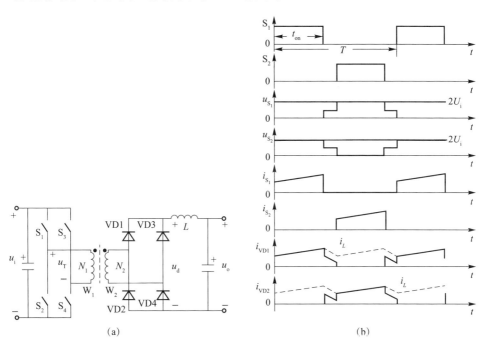

图 5-16 全桥电路的原理

（a）电路原理图；（b）理想化波形

全桥电路中，逆变电路由四个开关组成，S_1、S_4 构成一组，S_2、S_3 构成一组，而同一侧桥壁上下开关并交替导通，将直流电压逆变成幅值为 U_i 的交流电压，加在变压器一次侧。改变开关的占空比，就可以改变整流电压 u_d 的平均值，也就改变了输出电压 U_o。

工作过程：当 S_1 与 S_4 开通后，VD1 和 VD4 处于通态，电感 L 的电流逐渐上升。当 S_2 与 S_3 开通后，VD2 和 VD3 处于断态，电感 L 的电流也上升。当四个开关都关断时，四个二极管都处于通态,各分担一半的电感电流,电感 L 的电流逐渐下降,S_1 和 S_2 断态时承受的峰值电压均为 U_i。

如果 S_1、S_4 与 S_2、S_3 的导通时间不对称,则交流电压 u_T 中将含有直流分量,会在变压器一次侧产生很大的直流分量,造成磁路饱和。因此,全桥电路应注意避免电压直流分量的产生,也可以在一次侧回路串联一个电容,以关断直流电流。

为避免同一侧半桥中上下两个开关同时导通,每个开关的占空比不能超过 50%,还应留有裕量。

滤波电感电流连续时,输出电压为

$$U_o = \frac{N_2}{N_1}\frac{2t_{on}}{T}U_i = 2\frac{N_2}{N_1}DU_i \tag{5-25}$$

电感电流不连续,输出电压 U_o 将偏高于电流连续时的值,并随负载减小而升高,在负载为零的极限情况下,输出电压为 $U_o = \frac{N_2}{N_1}U_i$。

3. 推挽电路

推挽电路的原理图及其工作波形如图 5-17 所示。

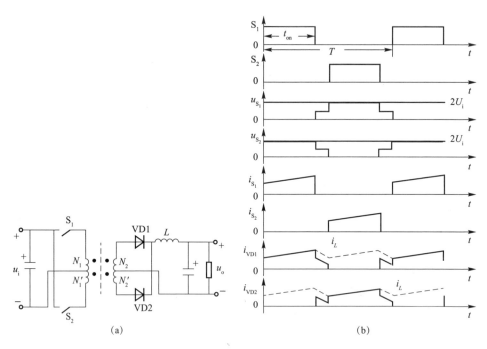

图 5-17 推挽电路的原理图及理想化波形

(a) 电路原理图;(b) 理想化波形

推挽电路可以看作由两个正激电路组成。在每个周期中,两个开关 S_1 和 S_2 交替导通,在各自导通的半个周期内,分别将能量传递给负载,所以称为推挽电路。

工作过程:S_1 导通时,二极管 VD1 处于通态,电感 L 的电流逐渐上升,S_2 导通时,二极管 VD2 处于通态，电感 L 电流也逐渐上升。当两个开关都关断时，VD1 和 VD2 都处于通态，各分担一半的电流。S_1 和 S_2 断态时承受的峰值电压均为 $2U_i$。

工作中应避免 S_1 和 S_2 两个开关同时导通，因此，要控制每个开关各自的占空比不能超过 50%，而且要留有一定的裕量。

当滤波电感 L 的电流连续时输出电压

$$U_o = \frac{N_2}{N_1}\frac{2t_{on}}{T}U_i = 2\frac{N_2}{N_1}DU_i \tag{5-26}$$

输出电感电流不连续，输出电压 U_o 将高于电流连续时的值，并随负载减小而升高，在负载为零的极限情况下，$U_o = \frac{N_2}{N_1}U_i$。

这种电路的优点是输入电源电压直接加在高频变压器上，因此，只用两个高压开关管就能获得较大的输出功率。

第五节　DC－DC 变换器在新能源汽车上的应用

目前，大多数 DC－DC 变换器是单向工作的，即通过变换器的能量流动的方向只能是单向的。然而，对于需要能量双向流动的场合，如超容量电容器在电动汽车中的应用，如果仍然使用单向 DC－DC 变换器，则需要将两个单向 DC－DC 变换器反方向并联使用，这样的做法虽然可以达到能量双向流动的目的，但是总体电路会变得非常复杂，双向 DC－DC 变换器就是可以完成这种功能的直流变换器。

双向 DC－DC 变换器在电动汽车的电动机驱动系统中起着举足轻重的作用，可以根据系统的要求完成相应的功能。例如，在由电池组供电的电动机驱动系统中，DC－DC 变换器可以根据转矩参考指令和转速来调整电动机的输入电压；在电动机需要将机械能反馈回电池组的再生制动过程中，DC－DC 变换器可以实现能量的反向流动。

一、双向 DC－DC 变换器

双向 DC－DC 变换器是指在保持交换器两端的直流电压极性不变的情况下，根据实际需要完成能量双向传输的直流变换器。双向 DC－DC 变换器可以非常方便地实现能量的双向传输，使用的电力电子器件数目少，具有效率高、体积小和成本低等优势。

由于双向 DC－DC 变换器具有以上优点，使其在电动汽车的发展过程中得到了广泛的应用。在电动汽车发展的初期，由于直流电动机结构简单，技术比较成熟，具有优良的电磁转矩特性，所以直流电动机得到了广泛的应用。对于采用直流电动机的电动汽车而言，图 5-18 所示为常见的利用双向 DC－DC 变换器的驱动系统结构图。

由于直流电动机存在价格高、体积和质量大、维护困难等缺点，目前，电动汽车用电动机正在逐渐由直流向交流发展，直流电动机基本上已经被交流电动机、永磁同步电动机所取代。在这些应用场合，双向 DC－DC 变换器可以调节逆变器的输入电压，并且可以实现再生回馈制动。图 5-19 所示为这种驱动系统的结构图。

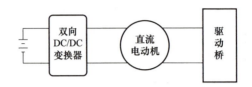

图 5-18　采用直流电动机的电动汽车驱动系统结构图

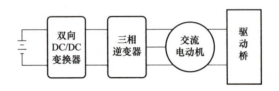

图 5-19　采用交流电动机的电动汽车驱动系统结构图

二、双向 DC‑DC 变换器的拓扑结构

双向 DC‑DC 变换器的拓扑结构多是在已有的单向 DC‑DC 变换器的基础上，通过对电路中的开关元件和二极管分别并联反向二极管和开关元件从而实现能量的双向流动的，下面列出了四种不隔离双向 DC‑DC 变换器的拓扑结构。这四种电路拓扑结构分别是双向 Buck/Boost 变换器（图 5-20）、双向半桥变换器（图 5-21）、双向 Cuk 变换器（图 5-22）及双向 SEPIC 变换器（图 5-23）。这四种电路拓扑结构电路比较简单，采用的元器件相对较少，可以满足电动汽车对于安装体积和成本的要求。

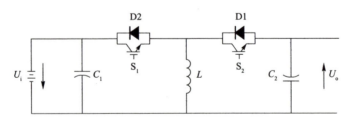

图 5-20　双向 Buck/Boost 变换器

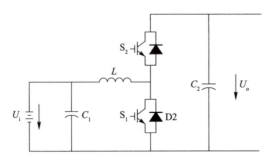

图 5-21　双向半桥变换器

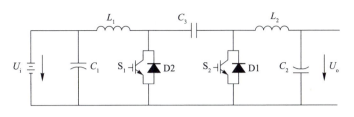

图 5-22 双向 Cuk 变换器

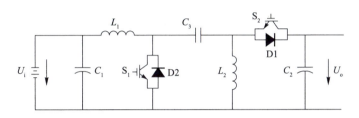

图 5-23 双向 SEPIC 变换器

三、双向 DC-DC 变换器的工作原理

1. 双向 Buck/Boost 变换器

图 5-24 绘制出了 Buck/Boost 变换器（图 5-20）正向工作时的电路图。此时开关管 S_1 开关工作，S_2 截止。当 S_1 处于导通状态时，电池组和输出电容 C_2 分别对电感 L 和负载供电；当 S_1 处于关断状态时，二极管 D1 正向偏置导通，电感 L 对输出电容 C_2 和负载供电。因此，通过改变 S_1 的占空比即可以调整变换器的输出电压 U_o。

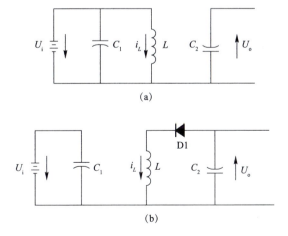

图 5-24 Buck/Boost 变换器正向工作时的电路图

(a) S_1 导通；(b) S_1 关断

图 5-25 绘制出了 Buck/Boost 变换器（图 5-20）反向工作时的电路图。变换器反向工作

时，开关管 S_1 截止。经过一个固定的死区时间后，开关管 S_2 开关工作，能量反向流动，实现对电池组充电。通过改变 S_2 的占空比可以控制充电电流，使其限制在最大反向电流。当 S_2 导通时，电容 C_1 对电池组充电，能量将存储在电感 L 中；当 S_2 关断时，二极管 D2 正向偏置导通，电感 L 对电池组和电容 C_1 充电。

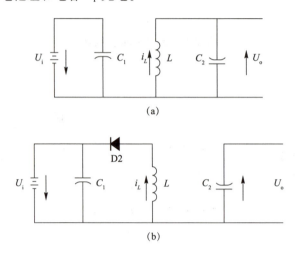

图 5-25　Buck/Boost 变换器反向工作时的电路图

(a) S_2 导通；(b) S_2 关断

2. 双向半桥变换器

双向半桥变换器（图 5-21）正向工作时，开关管 S_1 开关工作，S_2 截止，此时电路为 Boost 升压变换电路，如图 5-26（a）所示；反向工作时，开关管 S_2 开关工作，S_1 截止，此时电路即 Buck 降压变换电路，如图 5-26（b）所示。

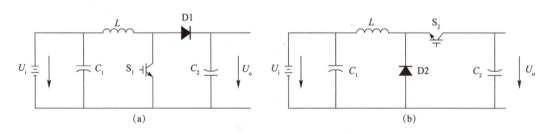

图 5-26　双向半桥变换器电路

(a) 正向升压变换电路；(b) 反向降压变换电路

从图 5-24～图 5-26 中，可以看出双向 Buck/Boost 变换器和双向半桥变换器两者的一个共同点：它们都是通过电感实现能量的存储和传输的。因此，它们属于电感储能式变换器。

3. 双向 Cuk 变换器

图 5-27 绘制出了双向 Cuk 变换器（图 5-22）正向工作时的电路图。此时开关管 S_1 开关工作，Cuk 变换器中的电容 C_3 的容量要求很大，变换器稳态工作时，C_3 的电压基本保持恒

定。当 S_1 导通时，电池组向电感 L_1 充电，电容 C_3 经负载和电感 L_2 放电；当 S_1 关断时，电池组和电感 L_1 向电容 C_3 充电，电感 L_2 向负载供电。

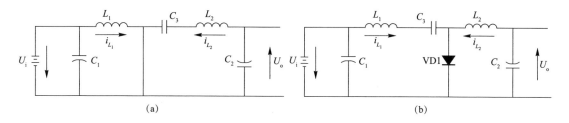

图 5-27　双向 Cuk 变换器正向工作时的电路图

(a) S_1 导通；(b) S_1 关断

图 5-28 绘制出了双向 Cuk 变换器（图 5-22）反向工作时的电路图。开关管 S_1 截止而 S_2 开关工作。当 S_2 导通时，负载向电感 L_2 充电，电容 C_3 经电池组和电感 L_1 放电；当 S_2 截止时，负载和电感 L_2 向电容 C_3 充电，电感 L_1 向电池组供电。

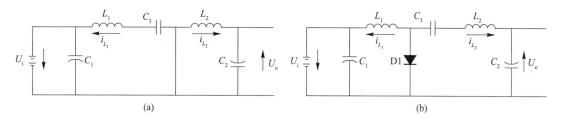

图 5-28　Cuk 变换器反向工作时的电路图

(a) S_1 导通；(b) S_1 关断

4. 双向 SEPIC 变换器

双向 SEPIC 变换器（图 5-23）正向工作时，开关管 S_1 开关工作，S_2 截止，电路如图 5-29 所示。当 S_1 导通时，电池组向电感 L_1 充电，电容 C_3 向电感 L_2 充电，输出电容 C_2 向负载供电；当 S_1 关断时，电池组和电感 L_1 共同向电容 C_3 和负载供电，电感 L_2 通过二极管 D1 也向负载供电。

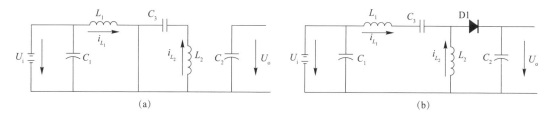

图 5-29　双向 SEPIC 变换器正向工作时的电路图

(a) S_1 导通；(b) S_1 关断

反向工作时，开关管 S_2 开关工作，S_1 截止，此时电路即 Zeta 变换器，如图 5-30 所示。当 S_2 导通时，负载向电感 L_2 充电。同时，负载和电容 C_3 共同向电感 L_1 和电池组充电。当 S_2 关断时，电感 L_2 通过二极管 D1 向电容 C_1 充电，电感 L_1 向电池组充电。双向 SEPIC 变换器可以看作是正向 SEPIC 变换器和反向 Zeta 变换器的组合而成的。

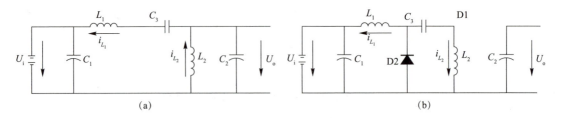

图 5-30　双向 SEPIC 变换器反向工作时的电路图

(a) S_2 导通；(b) S_2 关断

DC-DC 变换器是电力电子开关变换器的基础，是新能源汽车中主要的电控系统。本章主要介绍了 DC-DC 变换器电路的基本思路及其工作原理。DC-DC 变换包括直接直流变换电路和间接直流变换电路。直接直流变换电路也称直流斩波电路，一般是指直接将直流电变为另一电压不同的直流电，这种情况下输入与输出之间不隔离；间接直流变换电路是在直流变换电路中国增加了交流环节，在交流环节中通常采用变压器实现输入输出间的隔离，因此也称直—交—直电路。

双向 DC-DC 变换器在电动汽车的电动机驱动系统中起着举足轻重的作用，可以根据系统的要求完成相应的功能。例如，在由电池组供电的电动机驱动系统中，DC-DC 变换器可以根据转矩参考指令和转速来调整电动机的输入电压；在电动机需要将机械能反馈回电池组的再生制动过程中，DC-DC 变换器可以实现能量的反向流动。本章详细介绍了双向 DC-DC 变换器的拓扑结构及其工作中原理。

降压斩波电路和升压斩波电路是最基本的斩波电路，理解和掌握这两种电路是本章的关键和核心，也是学习其他斩波电路的基础。

1. 什么是 DC-DC 变换器？根据是否采用隔离变压器，DC-DC 变换器可以分为哪几类？
2. 电动汽车和混合动力车中都具有哪些地方要用到大功率 DC-DC 变换器？
3. 在各种电动汽车中，功率变换器主要实现哪些功能？
4. 电动汽车功率变换器需具备哪些特点？
5. 简述降压斩波电路的工作原理。

6. 在图 5-1（a）所示的降压斩波电路中，已知 $E = 200$ V，$R = 10$ Ω，L 值极大，$E_m = 30$ V，$T = 50$ us，$t_{on} = 20$ us，计算输出电压平均值 U_o、输出电流平均值 I_o。

7. 简述升压斩波电路的工作原理。

8. 在图 5-3（a）所示的升压斩波电路中，已知 $E = 50$ V，$R = 20$Ω，L 值和 C 值极大，$E_m = 30$ V，$T = 40$ us，$t_{on} = 25$ us，计算输出电压平均值 U_o、输出电流平均值 I_o。

9. 直流斩波电路主要有哪几种电路结构？它们各有什么特点？

10. 多重斩波电路具有哪些优点？

11. 什么是双向 DC – DC 变换器？有什么优点？

12. 试说明双向 Buck/Boost 变换器的工作原理。

13. 试说明双向半桥变换器的工作原理。

14. 试说明双向 Cuk 变换器的工作原理。

15. 试说明双向 SEPIC 变换器的工作原理。

第六章

AC – AC 变换电路

第一节 AC – AC 变换电路概述

描述交流电的要素包括电压或电流的大小、频率和相数等。根据变换的要素不同,交流变换电路可分为两大类:一类是只改变大小或仅对电路实现通断控制,而不改变频率的电路,称为交流电力控制电路;另一类是将一种频率的交流电变换为另一种频率固定或可变的交流电,称为变频电路。有别于间接变频也称为直接变频电路,在变频的同时兼有调压的功能。

1. 交流电力控制电路

交流电力控制电路包括交流调压电路、交流调功电路和交流无触点开关三种形式。

(1)交流调压电路。交流调压电路根据所采用的控制方式不同,可分为相控式和斩控式。

1)相控式交流调压电路采用晶闸管,它与相控式整流电路的控制原理相同,通过改变控制角的相位来改变输出电压的大小,从而达到交流调压的目的。其优点是电路简单,晶闸管可以利用电源自然换流,不需要附加换流电路,并可实现电压的平滑调节,系统响应速度较快;缺点是深控时功率因数低,输出电压的谐波含量较高。

2)斩控式交流调压电路是运用全控型开关器件在电源的一个周期内接通和断开若干次,将正弦波电压变成若干个脉冲电压,通过改变开关器件的占空比来实现交流调压。它与直流斩波电路的控制相类似,因此也称为交流斩波调压电路。其优点是深控下的功率因数较高,谐波含量小,输出电压的大小连续可调,响应速度快,基本上克服了相控方式的缺点。随着全控型器件的发展和成熟,它将取代传统的相控晶闸管调压电路,具有很好的发展前景。

交流调压电路的应用较为广泛。根据输入、输出的相数可分为单相交流调压电路和三相交流调压电路两种。单相交流调压电路常用于小功率单相电动机控制、照明、电加热控制等;三相交流调压电路常用于三相异步电动机的调压调速或软启动控制。在供电系统中,实现对无功功率的连续调节。

(2)交流调功电路。采用整周期的通、断控制方式,使电路输出几个电源电压周期,再断开几个电源电压周期。通过控制导通周期和断开周期数的比值来调节交流输出功率的平均值，从而达到交流调功的目的。其优点是控制简单，电流波形为正弦波，输出无高次谐波；缺点是响应速度较慢，对电网会造成较大的负载脉动及低次谐波的影响。对电加热等不需要高速控制的大惯性负载效果较好，如金属热处理、化工合成加热、钢化玻璃热处理等各种需要加热或进行温度控制的应用场合。

（3）交流无触点开关。根据负载或电源的需要接通或断开电路，它的工作是随机发生的，其作用就相当于机械或电磁式的开关一样，与有触点的开关相比，它具有开关速度快、使用寿命长、控制功率小、灵敏度高等优点。因此，通常用来控制交流电动机的正反转、频繁启动、间歇运行等。因其属于无触点开关，不存在火花及拉弧等现象，对化工、冶金、煤炭、纺织、石油等要求无火花防爆场合极为适用。在电力系统中交流无触点开关还与电容器一起构成无功功率补偿器，用于对无功功率的功率因数进行动态调节。

2. 变频电路

变频电路可分为交—交变频电路和交—直—交变频电路两种形式。

（1）交—交变频电路。交—交变频电路是直接将一定频率的交流电变换成另一种频率固定或可调的交流电，中间没有任何环节（如直流环节）的单极电路结构，故也称为直接变频电路（或周波变换电路）。本节介绍的交—交变频器的主要元件是晶闸管，采用的是相位控制技术。

直接变频电路的缺点是电路结构较复杂，但只有一次变换，系统的效率较高；可采用晶闸管进行自然换流，功率等级较高，低频输出性能较好，易于实现功率回馈等。因此，主要应用于大功率、低转速的交流调速系统中。如冶金行业的轧机主传动、矿石破碎机、矿井卷扬机、鼓风机、铁路电力牵引装置、船舶推进装置等多种应用场合，并取得了良好的技术经济效益。

（2）交—直—交变频电路。交—直—交变频电路是先将工频交流电整流成直流电，再将直流电逆变成频率固定或可变的交流电。这种通过中间直流环节的变频电路也称为间接变频电路。由于电路结构简单，技术也较成熟，在实际生产中已得到广泛应用；其缺点是功率变换次数多，电路总效率较低。

第二节　相控交流调压电路

一、单相交流调压电路

单相交流调压电路原理图如图 6-1 所示。采用两单向晶闸管反并联或双向晶闸管，实现对交流电正、负半周的对称控制，达到调节输出交流电压大小的目的，或实现交流调压电路的通、断控制。因此，交流调压电路可用于异步电动机的调压调速、恒流软启动，交流负载的功率调节、灯光调节、供电系统无功调节、用作交流无触点开关、固态继电器等，应用领域十分广泛。

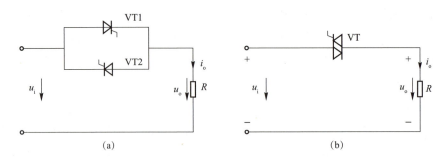

图 6-1 交流调压电路
(a) 两单向晶闸管反并联；(b) 双向晶闸管

交流调压电路的工作情况与负载性质密切相关。

1. 电阻性负载

纯电阻负载时交流调压电路输出电压 u_o、输出电流 i_o 等工作波形，如图 6-2 所示。

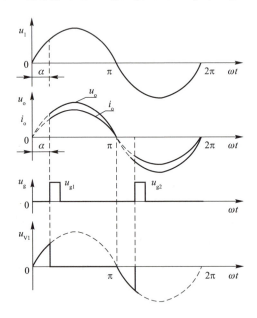

图 6-2 交流调压电路的工作波形

电路的工作过程是：在电源电压 u_1 正半周、移相控制角 α 时刻，触发导通晶闸管 VT1，使正半周的交流电压施加到负载电阻上，电流、电压波形相同。当电压过零时，VT2 因电流为零而关断。在控制角为 $\pi+\alpha$ 时触发导通 VT2，u_1 负半周交流电压施加在负载上，当电压再次过零时，VT2 因电流为零而关断，完成一个周波的对称输出。

当 $\alpha=0$ 时，输出电压 $u_o=u_1$ 最大；当 $\alpha=\pi$ 时 $u_o=0$。改变控制角 α 大小可获得大小可调的交流电压输出，其波形为"缺块"正弦波。正因为电压波形有缺损，才改变了输出电压有效值，达到了调压的目的，但也因为波形非正弦而带来了谐波问题。

上述电路在触发延迟角为 α 时，负载电压有效值 U_0、负载电流有效值 I_0、晶闸管电流有效值 I_{VT} 和电路的功率因数 λ 分别为

$$U_0 = \sqrt{\frac{1}{\pi}\int_\alpha^\pi (\sqrt{2}U_1\sin\omega t)^2 \mathrm{d}(\omega t)} = U_1\sqrt{\frac{1}{2\pi}\sin 2\alpha + \frac{\pi-\alpha}{\pi}} \quad (6\text{-}1)$$

$$I_0 = \frac{U_0}{R} \quad (6\text{-}2)$$

$$I_{VT} = \sqrt{\frac{1}{\pi}\int_\alpha^\pi \left(\frac{\sqrt{2}U_1\sin\omega t}{R}\right)^2 \mathrm{d}(\omega t)} = \frac{U_1}{R}\sqrt{\frac{1}{2}\left(1 - \frac{\alpha}{\pi} + \frac{\sin 2\pi}{2\pi}\right)} \quad (6\text{-}3)$$

$$\lambda = \frac{P}{3} = \frac{U_0 I_0}{U_1 I_0} = \frac{U_0}{U_1} = \sqrt{\frac{1}{2\pi}\sin 2\pi + \frac{\pi-\alpha}{\pi}} \quad (6\text{-}4)$$

从图 6-1 及以上各式中可以看出，α 的移相范围为 $0 \leqslant \alpha \leqslant \pi$，$\alpha = 0$ 时，相当于晶闸管一直接通。随着 α 一直增大，U_0 逐渐减小，直到 $\alpha = \pi$ 时，$U_0 = 0$。另外，$\alpha = 0$ 时，功率因数 $\lambda = 1$，随着 α 增大，输入电流滞后于电压且发生畸变，λ 也逐渐降低。

在电阻负载时，晶闸管在一个周期内仅在 $\alpha \sim \pi$ 期间导通，故晶闸管的电流平均值 I_{dVT} 为

$$I_{\mathrm{dVT}} = \frac{1}{R}\left[\frac{1}{2\pi}\int_\alpha^\pi U_1\mathrm{d}(\omega t)\right] = \frac{\sqrt{2}U_1}{2\pi\alpha}(1+\cos\alpha) = \frac{\sqrt{2}}{2\pi}I_0(1+\cos\alpha) \quad (6\text{-}5)$$

晶闸管电流有效值 I_{VT} 为

$$I_{VT} = \sqrt{\frac{1}{2\pi}\int_\alpha^\pi \left(\frac{U_1}{R}\right)^2 \mathrm{d}(\omega t)} = \frac{U_1}{R}\sqrt{\frac{2(\pi-\alpha)+\sin 2\alpha}{4\pi}} = I_0\sqrt{\frac{2(\pi-\alpha)+\sin 2\alpha}{4\pi}} \quad (6\text{-}6)$$

2. 阻感性负载

带阻感负载的单相交流调压电路及其波形如图 6-3 所示。设负载的阻抗角为 $\varphi = \arctan(\omega L/R)$。如果用导线将晶闸管完全短接，稳态时负载电流应是正弦波，其相位滞后于电源电压 u_1 的角度为 φ。用晶闸管控制时，很显然只能进行滞后控制，使负载电流更为滞后，而无法使其超前。为了方便，将 $\alpha = 0$ 的时刻定在电源电压过零的时刻。

当在 $\omega t = \alpha$ 时刻开通晶闸管 VT1，负载电流应满足如下微分方程式和初始条件 $i_0|_{\omega t=0}=0$：

$$L\frac{\mathrm{d}i_0}{\mathrm{d}t} + Ri_0 = \sqrt{2}U_1\sin\omega t \quad (6\text{-}7)$$

得

$$i_0 = \frac{\sqrt{2}u_1}{Z}\left[\sin(\omega t - \varphi) - \sin(\alpha - \varphi)\mathrm{e}^{\frac{\alpha-\omega t}{\tan\varphi}}\right] \quad (\alpha \leqslant \omega t \leqslant \alpha + \theta) \quad (6\text{-}8)$$

式中，Z 为负载阻抗，$Z = \sqrt{R^2 + (\omega L)^2}$；$\varphi$ 为负载功率因数角，$\varphi = \arctan\left(\dfrac{\omega L}{R}\right)$。

式 (6-8) 中，负载电流由两部分组成，$i_1(t)$ 为电流的稳态分量，它滞后于电压 φ 角；$i_2(t)$ 是以时间常数 τ 衰减的电流自由分量，分别表示为

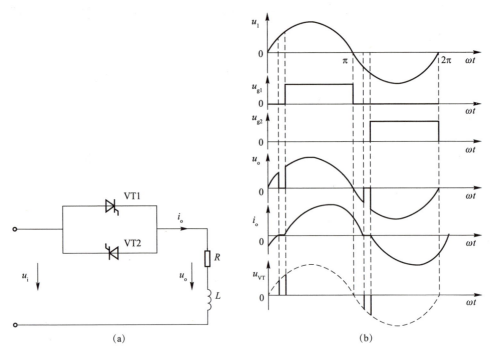

图 6-3　带阻感负载单相交流调压电路

（a）原理图；（b）理想化波形

$$i_1 = \frac{\sqrt{2}\,U_1}{Z}\sin(\omega t - \varphi) \tag{6-9}$$

$$i_2 = -\frac{\sqrt{2}\,U_1}{Z}\sin(\alpha - \varphi)\,\mathrm{e}^{\frac{\alpha - \omega t}{\tan\varphi}} \tag{6-10}$$

当 $\omega t = \theta$ 时，i_o 过零使 VT1 关断。将 $i_o(\theta) = 0$ 代入式（6-8）后可得有关 θ 的超越方程：

$$\sin(\theta + \alpha - \varphi) = \mathrm{e}^{-\frac{\theta}{\tan\varphi}}(\sin\alpha - \varphi) \tag{6-11}$$

以 φ 为参考变量，就可以得出晶闸管导通角 $\theta = f(\alpha, \varphi)$ 的函数关系，如图 6-4 所示。对于确定的 α、φ 值，就有确定的 θ 与之对应。

（1）当 $\varphi < \alpha < \pi$ 时，对于任一阻抗角 φ 的负载，当 $\alpha = \pi$ 时，$\theta = 0$，$u_o = 0$；当 α 从 π 变化到 φ 逐步减小时（不包括 $\alpha = \varphi$ 这个点），导通角从零逐渐增大接近 π，加在负载上的电压有效值也从 0 逐渐增大接近 u_1，负载电流 i_o 断续。输出电压 u_o 为"缺块"正弦波，电路有调压功能，如图 6-3 所示。

（2）当 $\alpha = \pi$ 时，$i_2 = 0$，即负载电流 i_o 只有稳态分量 i_1；可以解得导通角 $\theta = \pi$，故电流连续且为正弦波。电路一开通就进入稳态，$u_o = u_1$，调压电路处于直流状态，不起调压作用，处于"失控"状态，此时 $\theta = f(\alpha, \varphi)$ 的函数关系如图 6-4 中 $\theta = 180°$ 时的孤立点所示。

（3）当 $0 < \alpha < \varphi$ 时，由式（6-8）可知 $\theta > \pi$，此时电路运行与触发脉冲的状态密切相关。

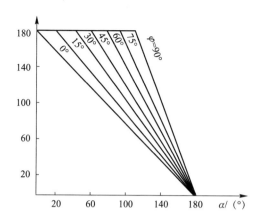

图 6-4 单相交流调压电路以 α 为参考量的 θ 和 α 关系曲线

如果触发脉冲采用单窄脉冲，则每个晶闸管导通时间都将超过半个周期。由于反并联的两个晶闸管 VT1、VT2 的触发脉冲相位严格相差 π，因此，当 VT2 触发脉冲到来时 VT1 仍然导通，VT1 管压降形成了 VT2 的反向阳极电压，电路中的电流仍为正向，VT2 并不能开通。而当电路中电流过零、VT1 关断后，虽然使 VT2 的反向阳极电压消失，但 VT2 的窄触发脉冲也已消失，结果是此时 VT2 仍然不能开通。等到 VT1 的下一次触发脉冲到来时，又重复上面的过程，如此，造成了在各个周期内只有同一个晶闸管导通的"单管整流"状态，输出电流为单向脉冲波，含有很大的直流分量。这会对电机、电源变压器之类的小电阻、大电感负载带来较严重的危害。

如果触发脉冲采用宽脉冲触发，情况就完全不同。特别是采用后沿固定、前沿可调、最大脉冲宽度可达 180°的脉冲列触发时，可以保证反并联的两个晶闸管 VT1、VT2 均可靠导通，电流波形连续。但由于负载电流连续，$u_o = u_1$，即调压器直通，因此，电路又起不到调压作用。

总之，带感性负载的交流调压器能起到调压作用的触发延迟角 α 的变化范围是 $\varphi \leq \alpha < \pi$，采用宽度大于 60°的宽脉冲或后沿固定、前沿可调、最大脉冲宽度时，可达 180°的脉冲列触发。

负载电压有效值 U_o、晶闸管电流有效值 I_{VT}、负载电流的有效值 I_o 分别为

$$U_o = \sqrt{\frac{1}{2\pi}\int_{\alpha}^{\alpha+\theta}(\sqrt{2}U_1\sin\omega t)^2 \mathrm{d}(\omega t)} = U_1\sqrt{\frac{\theta}{\pi} + \frac{1}{2\pi}[\sin 2\alpha - \sin(2\alpha - 2\theta)]} \quad (6\text{-}12)$$

$$I_{VT} = \sqrt{\frac{1}{2\pi}\int_{\alpha}^{\alpha+\theta}\left\{\frac{\sqrt{2}U_1}{Z}[\sin(\omega t - \varphi) - \sin(\alpha - \varphi)\mathrm{e}^{\frac{\alpha-\omega t}{\tan\varphi}}]\right\}^2}$$

$$= \frac{U_1}{\sqrt{2\pi}Z}\sqrt{\theta - \frac{\sin\theta\cos(2\alpha + \varphi + \theta)}{\cos\varphi}} \quad (6\text{-}13)$$

$$I_o = \sqrt{2}I_{VT} \quad (6\text{-}14)$$

二、三相交流调压电路

工业中交流电源多为三相系统，交流电机也多为三相电机，应采用三相交流调压器实现调压。三相交流调压电路与三相负载之间有多种连接方式，其中以三相 Y 形连接调压方式最为普遍。本节只对三相 Y 形连接三相交流调压电路的基本工作原理和特性进行介绍。

图 6-5 所示为 Y 形连接三相交流调压电路，这是一种最典型、最常用的三相交流调压电路，它的正常工作须满足以下要求：

（1）三相中至少有两相导通才能构成通路，且其中一相为正向晶闸管导通，另一相为反向晶闸管导通。

（2）为保证任何情况下的两个晶闸管同时导通，应采用宽度大于 60°的宽脉冲（列）或双窄脉冲来触发。

（3）从 VT1 到 VT6 相邻触发脉冲相位应互差 60°。

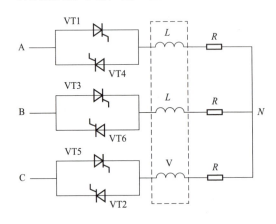

图 6-5 Y 形连接三相交流调压电路

为简单起见，仅分析该三相调压电路接电阻性负载（负载功率因数角 $\varphi=0$）时，不同触发控制角 α 下负载上的相电压、电流波形，如图 6-6 所示。

（1）$\alpha=0°$ 时的波形如图 6-6（a）所示。当 $\omega t=0$ 时触发导通 VT1，以后每隔 60°依次触发导通 VT2、VT3、VT4、VT5、VT6。在 $\omega t=0°\sim 60°$ 区间内，u_A、u_C 为正，u_B 为负，VT5、VT6、VT2 同时导通；在 $\omega t=60°\sim 120°$ 区间内，VT6、VT1、VT2 同时导通，依次类推。由于任何时刻均有三只晶闸管同时导通，且晶闸管全开放，负载上获得全电压。各相电压、电流波形正弦、三相平衡。

（2）$\alpha=30°$ 时波形如图 6-6（b）所示。此时情况复杂，须分子区间分析。

1）$\omega t=0°\sim 30°$：$\omega t=0°$ 时，u_A 变正，VT1 关断，但 u_{g1} 未到位，VT1 无法导通，A 相负载电压 $u_A=0$。

2）$\omega t=30°\sim 60°$：$\omega t=30°$ 时，触发导通 VT1；B 相 VT6、C 相 VT5 均仍承受正向阳极

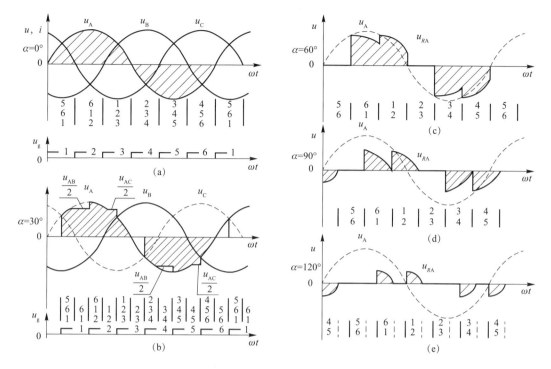

图 6-6 Y 形连接三相交流调压电路输出电压、电流波形（电阻性负载）

(a) $\alpha=0°$；(b) $\alpha=30°$；(c) $\alpha=60°$；(d) $\alpha=90°$；(e) $\alpha=120°$

电压保持导通；由于 VT5、VT6、VT1 同时导通，三相均有电流，此子区间内 A 相负载电压 $u_{RA}=u_A$。

3) $\omega t=60°\sim 90°$：$\omega t=60°$ 时，u_C 过零，VT5 关断；VT2 无触发脉冲不导通，三相中仅 VT6、VT1 导通；此时线电压 u_{AB} 施加在 R_A、R_B 上，故此子区间内 A 相负载电压 $u_{RA}=u_{AB}/2$。

4) $\omega t=90°\sim 120°$：$\omega t=90°$ 时，VT2 触发导通，此时 VT6、VT1、VT2 同时导通，此子区间内 A 相负载电压 $u_{RA}=u_A$。

5) $\omega t=120°\sim 150°$：$\omega t=120°$ 时，u_B 过零，VT6 关断；仅 VT1、VT2 导通，此子区间内 A 相负载电压 $u_{RA}-u_{AC}/2$。

6) $\omega t=150°\sim 180°$：$\omega t=150°$ 时，VT3 触发导通，此时 VT1、VT2、VT3 同时导通，此子区间内 A 相负载电压 $u_{RA}=u_A$。

负半周可按相同方式分子区间作出，从而可得如图 6-6（b）中阴影区所示一个周期波的 A 相电流波形与电压波形成比例。

(3) 用同样分析法可得 $\alpha=60°$、$90°$、$120°$ 时 A 相电压波形，分别如图 6-6（c）、(d)、(e) 所示。$\alpha>150°$ 时，因 $u_{AB}<0$，虽 VT1、VT6 有触发脉冲但仍无法导通，交流调压器不工作，故控制角移相范围为 $0°\sim 150°$。

当三相调压电路接电感性负载时，波形分析很复杂。由于输出电压与电流之间存在相位差，电压过零瞬间电流不为零，晶闸管仍导通，其导通角 θ 不仅与控制角 α 有关，还与负载功率因数角 φ 有关。如果负载是异步电动机，其功率因数角还随运行工况而变化。

三相 Y 形连接方式的一个典型用例是晶闸管控制电抗器，由于所控制的电抗器中所含电阻小，可以近似看成纯电感性负载，因此移相角 α 的移相范围为 90°～180°，通过对 α 的控制，可以连续调节流过电抗器的电流，从而调节电路从电网中吸收的无功功率，用来调节电力系统中的无功功率，以补偿电压波动或闪变。

第三节 斩控式交流调压电路

一、斩控式交流调压的基本原理

斩控式交流调压电路可以克服相控式交流调压的很多缺点，因此，相控式电路正在逐渐被斩控式电路所取代。

交流斩波调压电路的基本工作原理与直流斩波电路类似，均采用斩波控制方式，所不同的是直流斩波电路的输入是直流电压，而交流斩波电路的输入是正弦交流电压。因此，在分析其工作原理时可以将交流电压的正负半周分别当作一个短暂的直流电压。这样，就可以利用直流斩波电路分析方法对交流斩波电路进行分析。

图 6-7（a）所示为交流斩波调压电路的原理图。开关 S_1 称为斩波开关，开关 S_2 是为负载提供续流回路称为续流开关，两者通常在开关时序上互补。

交流斩波调压电路输出电压波形如图 6-7（b）所示，设斩波开关 S_1 闭合时间为 t_{on}，打开时间为 t_{off}，T_C 为开关周期，则导通比 $D = t_{on}/t_c$，改变 D 即可调节输出电压。

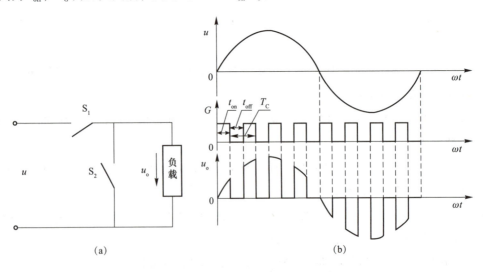

图 6-7 交流斩波调压电路原理图及波形
（a）电路原理图；（b）电阻负载时斩波调压电路输出电压波形

电路在稳态运行时的输出电压 u_o 可表示为

$$u_o = E(t)u = \begin{cases} u & S_1 \text{ 通},\ S_2 \text{ 断} \\ 0 & S_1 \text{ 断},\ S_2 \text{ 通} \end{cases} \tag{6-15}$$

式中，$E(t)$ 为开关函数。其定义为

$$E(t) = \begin{cases} 1 & S_1 \text{ 通},\ S_2 \text{ 断} \\ 0 & S_1 \text{ 断},\ S_2 \text{ 通} \end{cases} \tag{6-16}$$

在图 6-7 所示的电路条件下

$$u_o = E(t)\sqrt{2}u\sin\omega t \tag{6-17}$$

$E(t)$ 函数傅里叶级数展开，可得

$$E(t) = \rho + \frac{2}{\pi}\sum_{n=1}^{\infty}\frac{\sin\theta_N}{n}\cos(n\omega_k t - \theta_n) \tag{6-18}$$

其中

$$\rho = \frac{t_{on}}{T_C},\ \omega_k = \frac{2\pi}{T_C},\ \theta_n = \frac{n\pi}{T_C}t_{on}$$

式中，ρ 为开关器件在开关周期中导通占空比；t_{on} 为一个开关周期中 S_1 导通时间。将式（6-18）代入式（6-17）可得

$$u_o = \rho\sqrt{2}u\sin\omega t + \frac{1}{\pi}\sum_{n=1}^{\infty}\frac{\sqrt{2}u\sin\theta_n}{n}\{\sin[(n\omega_k + \omega)t - \theta_n] - \sin[(n\omega_k - \omega)t - \theta_n]\}$$

$$\tag{6-19}$$

式（6-19）表明，u_o 含有除基波外的其他谐波，谐波频率在开关频率及其整数倍两侧 $\pm\omega$ 处分布，开关频率越高，谐波与基波距离越远，越容易滤波。

容易分析，输出电流具有与输出电压相同的谐波含量。但由于负载电感在各次谐波频率处呈现比基波大得多的阻抗，因此，电流中的谐波幅值与电压谐波相比，衰减快得多，开关频率越高，谐波幅值越低，电流越接近理想正弦波。

对比相控方式和斩控方式，相控方式电源电流含有奇数次谐波，斩控方式电源电流不含低次谐波，只含开关频率附近的高次谐波，斩控方式的谐波含量大幅度减小。

二、交流开关的结构形式

交流斩波调压电路所使用的交流开关应为双向可控开关。用晶闸管作为交流开关，需要有强迫关断电路，电路结构复杂，故一般采用全控型器件来构成。但这类器件的静特性均为非对称，反向关断能力很低，有的甚至不具备反向关断能力。因而必须根据电路的特点和器件的实际性能来组构开关形式。常用的方法是与快速二极管配合组成复合器件，即利用二极管来提供反向关断能力。常见的结构形式如图 6-8 所示。

图 6-8（a）所示的电路结构，只使用一只全控型器件。当负载电流方向改变时，只是二极管桥中导通桥臂自然换流，而流过开关器件中的电流方向不变。采用这种结构的双向开关，控制电路简单，无同步要求。图 6-8（b）、（c）所示的结构，两个全控型器件分别控制

负载电流的两个方向。控制电路必须有严格的同步要求，两个方向的开关可独立控制，因此控制方式比较灵活。两者电路的不同之处：一是图6-8（c）中两个全控型器件的发射极接在一起，因此门极控制信号可以共地，提高电路的抗干扰能力；二是图6-8（c）可用带反并联二极管的功率开关模块，使主电路接线简单，减少电路引线电感在高频运行时的影响。

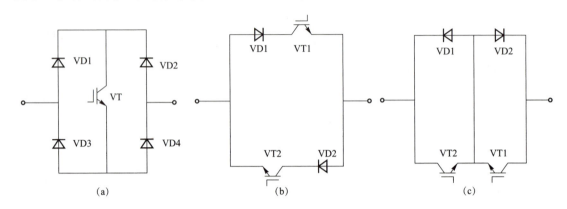

图6-8　常用交流开关的结构形式

三、交流斩波调压的控制

交流斩波调压电路的控制方式与交流开关的结构形式、主电路的结构及相数有关。按照对斩波开关和续流开关的控制时序，可分为互补控制和非互补控制两种。图6-9所示为一种交流斩波调压电路。

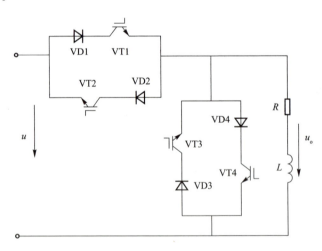

图6-9　交流斩波调压电路图

1. 互补控制方式

图6-10所示为互补控制波形图，u_p 和 u_N 分别为交流电压正、负半周对应的同步信号。即当 u_p 有效时VT1、VT3交替施加控制信号，当 u_N 有效时VT2、VT4交替施加控制信号。

由于实际的开关器件存在导通、关断延时，很可能会造成斩波开关和续流二极管直通而短路。为防止短路，可增设死区时间。而设置死区时间又会造成两者均不导通，使负载电流断续产生过电压现象。因此，为了防止过电压还需采取其他措施，如使用缓冲电路等。这也是互补控制方式的不足之处。

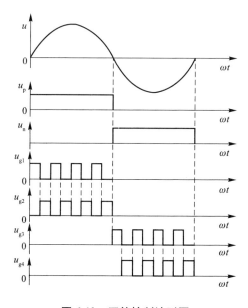

图 6-10 互补控制波形图

2. 非互补控制方式

非互补控制方式的控制时序图如图 6-11 所示。在交流电源的正半周，用 VT1 进行斩波控制，VT3 为电感性负载提供续流通路。输出电压波形如图 6-11 所示。

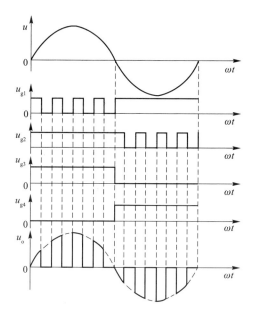

图 6-11 非互补控制方式波形图

在非互补控制方式下，不会出现电源短路和负载电流断续的情况。以 u 正半周为例 VT1 进行斩波控制，VT4 总处于断态不会产生直通；VT2、VT3 一直施加控制信号，从而无论负载电流是否改变方向，当斩波开关关断时，负载电源都能维持导通，避免了因斩波开关和续流开关同时关断造成负载电流断续。

当负载为感性负载时，由于电流相位滞后于电压，当 u 从正半周变化到负半周时，电流 i_o 依然为正，而 VT3 的控制信号变为低电平使 VT3 不能导通连续，迫使 VT1 持续导通，造成 VT2 反偏不能导通，输出电压一直为 u 直至电流 i_o 降至零，斩波控制失败。输出电压不受斩波开关控制，产生输出电压失真的现象称为失控，除电感性负载外电容性负载情况下也会出现失控。为了避免出现这种失控现象，在电感性或电容性负载下，电路时序控制中应考虑电流信号，由电压的方向共同决定控制时序。

第四节 变频电路

一、间接变频电路

一种常用的间接变频电路结构如图 6-12 所示，交流变换到另一种交流前，先经过中间直流环节，所以这种电路又称为间接交流变换电路。

图 6-12 间接变频电路结构

整流的作用是将固定频率和电压的交流电能整流为直流电能，可以是不可控的，也可以是可控的。

滤波器将脉动的直流量滤波成平直的直流量，可以对直流电压滤波（用电容），也可以对直流电流滤波（用电感），中间直流环节除滤波功能外，主要是因为逆变器的负载多为感性负载，如电动机，无论电动机处于电动或发电制动状态，其功率因数总不会为 1，总会有无功功率的交换，要靠中间直流环节的储能元件来缓冲。

逆变器将直流电能逆变为交流电能，直接供给负载，它的输出频率和电压均与交流输入电源无关。它是间接变频电路的核心。

如果逆变器直接与负载连接则主要实现对电机的控制，如果与电网连接，实现对电网电能质量的控制，这种整流和逆变环节均可控的装置称为统一电能质量调节器。另外，间接的交流变换电路在高压直流输电、风电并网等场合得到了广泛的应用。

二、直接变频电路

所谓直接变频电路，就是不经过中间的直流环节，直接将固定频率的交流电变换成另一种频率固定或可变交流电的变换电路。若变换电路用晶闸管作开关器件，并工作在相控方式，则称为相控式的交—交直接变频电路，这种电路也称为周波变换器。由于整个变换电路直接与电网相连，各晶闸管元件承受的是交流电压，故可采用电网电压自然换流，无须强迫换流装置，简化了主电路的结构，提高了换流能力。

交—交变频电路广泛应用于大功率低转速的交流电动机调速传动系统、交流励磁变速恒频发电机的励磁电源等。实际使用的主要是三相输出交—交变频电路，但单相输出交—交变频电路是基础。因此，本节首先介绍单相输出交—交变频电路的结构、工作原理、控制方法及输入输出特性等；然后介绍三相输出交—交变频电路的结构、输入输出特性及其改善措施。为了叙述简便，将单相输出和三相输出交—交变频电路分别称为单相和三相交—交变频电路。

1. 单相交—交变频电路

单相交—交变频器原理图如图 6-13 所示。其是由两组反并联的三相晶闸管可控整流桥和单相负载组成。

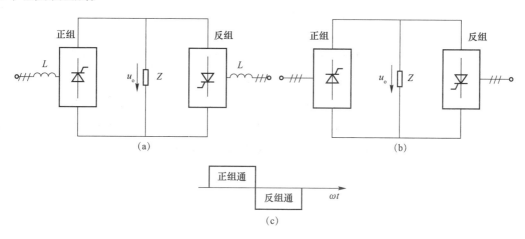

图 6-13　三—单相交—交变频器原理图
(a) 电流型电路；(b) 电压型电路；(c) 电压型电路的输出波形

其中图 6-13（a）接入了足够大的输入滤波电感，输入电流近似矩形波，称为电流型电路；图 6-13（b）则为电压型电路，其输出电压可为矩形波，也可通过控制成为正弦波。图 6-13（c）为图 6-13（b）所示电路输出的矩形波电压，用以说明交—交变频电路的工作原理。当正组变流器工作在整流状态时反组封锁，以实现无环流控制值，负载 Z 上电压 u_o 为上正、下负；反之，当反组变流器处于整流状态而正组封锁时，负载电压 u_o 为上负、下正，负载电压交变。若以一定频率控制正、负两组变流器交替工作（切换），则向负载输出交流电压的频率 f_o 就等于两组变流器的切换频率，而输出电压 u_o 大小则取决于晶闸管的触发角 α。

单相交—交变频电路根据输出电压波形不同可分为方波型和正弦波型。方波型控制简单，正、反两桥工作时维持晶闸管触发角 α 恒定不变，但其输出波形不好，低次谐波大，用于电动机调速传动时会增大电机损耗,降低运行效率,特别是增大转矩脉动的方法,很少采用。因此,以下讨论正弦型交—交变频电路。

(1)工作状态。单相正弦交—交变频电路如图 6-14 所示。其由两个三相桥式可控整流电路构成。

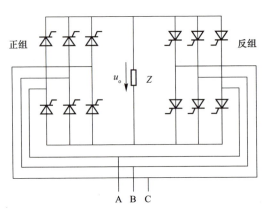

图 6-14　单相正弦交—交变频电路

如果输出电压的半周期内使导通组变流器晶闸管的触发角发生变化,如从 $\alpha = 90°$ 逐渐减小到 $\alpha = 0°$,然后再逐渐增大到 $\alpha = 90°$,则相应变流器输出电压的平均值就可以按正弦规律从零变到最大、再减小至零,形成平均意义上的正弦波电压波形输出,如图 6-14 所示。从图中可以看出,输出电压的瞬时值波形不是平滑的正弦波,而是由片段电源电压波形拼接而成。在一个输出周期中包含的电源电压片段数越多,波形就越接近正弦,通常要采用六脉波的三相桥式电路或十二脉波变流电路来构成交—交变频器。

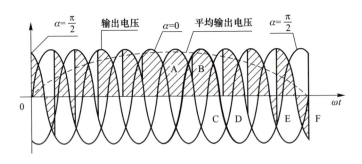

图 6-15　交流输出示意

在无环流工作方式时,变频电路正、反两组变流器轮流向负载供电。为了分析两组变流器的工作状态,忽略输出电压、电流中的高次谐波,可将图 6-14 所示电路等效成图 6-16(a)所示的理想形式,其中交流电源表示变流器输出的基波正弦电压,二极管体现电流的单向流动特征,负载 Z 为感性,负载阻抗(功率因数)角为 φ。

图 6-16(b)给出了一个周期内负载电压 u_o、负载电流 i_o 波形,正、反两组变流器的电压 u_P、u_N 和电流 i_P、i_N,以及正、反两组变流器的工作状态。如图 6-16 所示,在负载

电流的正半周 $t_1 \sim t_3$ 区间，正组变流器导通，反组变流器被封锁。在 $t_1 \sim t_2$ 区间，正组变流器导通后输出电压、电流均为正，故正组变流器向外输出功率，工作于整流状态；在 $t_2 \sim t_3$ 区间，负载电流方向不变，仍是正组变流器导通，输出电压确转换了方向，因此，负载向正组变流器反馈功率，正组变流器工作于逆变状态；在 $t_3 \sim t_4$ 区间，负载电流反向，反组变流器导通、正组变流器被封锁，负载电压、电流均为负，故反组变流器处于整流状态；在 $t_4 \sim t_5$ 区间，电流方向不变，仍为反组导通，但输出电压反向，反组变流器工作在逆变状态。

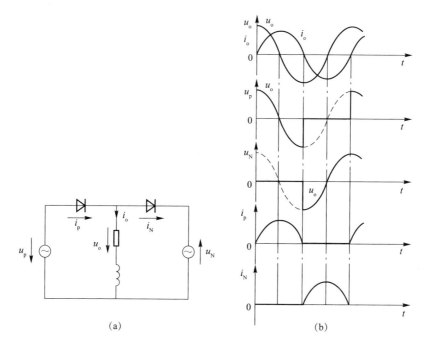

图 6-16　单相交—交正弦变频电路理想工作状态
(a) 电路原理图；(b) 电压、电流波形

从以上分析可知，交—交变频电路中，正、反组变流器的导通由电流方向来决定，与电压极性无关；每组变流器的工作状态（整流或逆变），则是由输出电压与电流是否同极性来决定的。

(2) 输出电压波形。单相正弦型交—交变频电路实际输出电压波形如图 6-17 (a) ～ (d) 所示，分别表示了正、反组变流器不同工作状态。

图 6-17 (a) 表示正在变流器工作，A 点处其晶闸管触发角 $\alpha_p = 0$，平均电压 u_d 最大。随着 α_p 的增大，u_d 值减小，当 $\alpha_p = \pi/2$ 时，$u_d = 0$。半周内平均输出电压如图 6-17 (a) 中的虚线所示，为一正弦波。由于整流电压波形上部包围的面积比下部面积大，总的功率为正，从电源供向负载，此时正组变流器工作在整流状态。

图 6-17 (b) 仍为正组变流器工作，但触发角 α_p 在 $\pi/2 \sim \pi \sim \pi/2$ 间变化，变流器输出平均电压为负值。由于整流电压波形下部包围的面积比上部大，总的功率为负，从负载流向

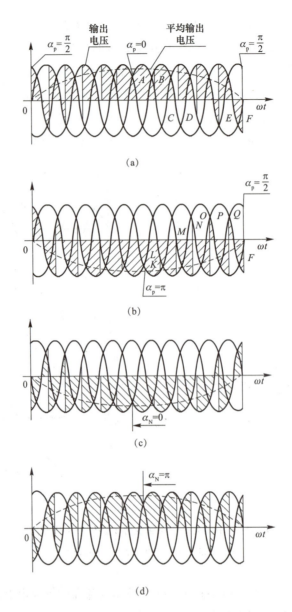

图 6-17 单相正弦型交—交变频电路实际输出电压波形
(a) 正组整流；(b) 正组逆变；(c) 反组整流；(d) 反组逆变

电源，此时正组变流器工作在逆变状态。

图 6-17（c）、(d) 所示为反组变流器工作。当其触发角 $\alpha_N < \pi/2$ 时，反组变流器处于整流状态，总的功率由电源输向负载；当 $\alpha_N > \pi/2$ 时，反组变流器处于逆变状态，负载将向电源反馈功率。

如果改变 α_p、α_N 的变化范围（调制深度），使它们在 $0 < \alpha < \pi/2$ 范围内调节，输出平均电压正弦波负值也会改变，从而达到调压目的。

由此得出结论，单相正弦型交—交变频电路是由两组反并联的可控整流器组成，运行中正、反两组变流器的 α 角要不断加以调制，使输出电压为正弦波；同时，正、反组变流器也需要按规定频率不停地进行切换，以输出频率可变交流。

（3）余弦交点控制法。要实现交—交变频电路输出电压波形正弦化，必须不断改变晶闸管的触发角 α，在诸多方法中应用最为广泛的是余弦交点控制法。该方法的基本思想是使构成交—交变频器的各控制整流器输出电压尽可能接近理想正弦波形，使实际输出电压波形与理想正弦波之间的偏差最小。

图 6-18 所示为余弦交点法波形控制原理图。交—交变频电路中任一相负载在任一时刻都要经过一个正组和一个反组的整流器接至三相电源，根据导通晶闸管的不同，加在负载上的瞬时电压可能是 u_{AB}、u_{AC}、u_{BC}、u_{BA}、u_{CA}、u_{CB} 六种线电压，它们在相位上互差 60°，如图 6-18 中用 $u_1 \sim u_6$ 来表示。

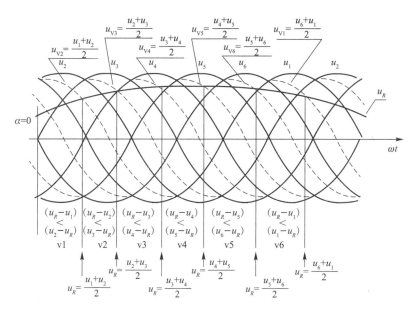

图 6-18　余弦交点法波形控制原理图

设 $u_R = \sqrt{2} u_1 \sin\omega_1 t$ 为期望输出的理想正弦电压波形。为使输出实际正弦电压波形的偏差尽可能小，应随时将第一个晶闸管导通时的电压偏差 $u_R - u_1$ 与让下一个管子导通时的偏差 $u_2 - u_R$ 相比较，如 $u_1 - u_R < u_2 - u_R$，则第一个管子继续导通；$u_1 - u_R > u_2 - u_R$，则及时切换至下一个管子导通，因此，u_1 换相至 u_2 的条件为

$$u_1 - u_R = u_2 - u_R$$

即
$$u_R = (u_1 + u_2)/2 \tag{6-20}$$

同理由 u_i 换相到 u_{i+1} 的条件应为

$$u_R = (u_i + u_{i+1})/2 \tag{6-21}$$

当 u_i 和 u_{i+1} 都为正弦波时，$(u_i + u_{i+1})/2$ 也应为正弦波时，如图 6-17 中各虚线所示。这些正弦波的峰值正好处于 u_{i+1} 波上相当于触发角 α=0°的位置上，故此波即 u_{i+1} 波触发角

α 的余弦函数,常称为 u_{i+1} 的同步波。由于换相点应满足 $u_R = u_V = (u_i + u_{i+1})/2$ 的条件,故应在 u_R 和 u_V 的交点上发出触发脉冲导通相应晶闸管元件,从而使交—交变频电路输出接近于正弦波的瞬时电压波形,如图 6-18 中 u_o 的粗实线波形所示,相应阻—感性负载下的输出电流波形 i_o 则相当接近正弦形。

图 6-19 中第①段,$u_o > 0$,$i_o < 0$,反组工作在逆变状态;第②段电流过零,为切换死区,该死区时间也即是电流由正组和反组互相切换的时间;第③段,$u_o > 0$,$i_o > 0$,正组工作在整流状态;第④段,$u_o < 0$,$u_o > 0$,正组工作在逆变状态;第⑤段电流过零,为切换死区;第⑥段,$u_o < 0$,$u_o < 0$,反组工作在整流状态。

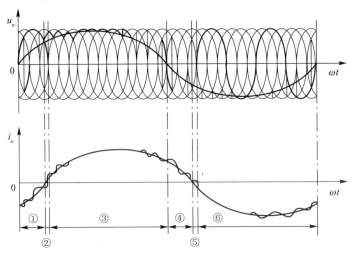

图 6-19 单相正弦型交—交变频电路输出电压、电流波形

(4) 输入输出特性。

①输出频率上限。单相正弦型交—交变频电路输出电压是由多段电源电压片段"拼凑"而成。一个输出周期内拼接的电源电压段数越多,输出电压波形越接近正弦。当输出频率增高时,输出电压一周内所包含的电源电压段数减少,波形将严重偏离正弦,致使输出电力谐波增加,因而限制了最高输出频率。由于每段电源电压的平均持续时间取决于交流电路的脉波数,增加构成交—交变频电路的两组变流器脉波数可改善输出波形,提高输出频率上限。常用 6 脉波三相桥式变频电路的上限频率不能高于电网频率的 1/3 ~ 1/2,约 20 Hz。

②输入功率因数。由于单相正弦型交—交变频电路采用移相触发控制,晶闸管换流时需要从电网吸收感性无功,致使无论负载功率因数是领先还是滞后,输入功率因数总是滞后。

在单相正弦型交—交变频电路余弦交点移相触发控制中,期望输出的理想正弦电压为 $U_R = \sqrt{2} U_1 \sin\omega_1 t$,每次触发时该触发角 α_i 下输出电压 $U_i = U_{ab}\cos\alpha_i$,U_{ab} 为 $\alpha_i = 0$ 时整流电压。当 $U_i = U_R$ 时可以确定出

$$\cos\alpha_i = \frac{\sqrt{2}U_1}{U_{do}}\sin\omega_1 t = \gamma\sin\omega_1 t \tag{6-22}$$

式中，$\gamma = \frac{\sqrt{2}U_1}{U_{do}}$ 为输出电压比，它是一个影响输入功率因数的重要因数。

图 6-20 给出了不同 γ 下，单相交—交变频电路输出电压在 $\omega_1 t = 0 \sim 2\pi$ 的一个周期内移相触发角 α 的变化规律，它反映了输入功率因数的变化。γ 越小，输出电压越低，半周期内 α 平均值越接近 90°，位移因数或功率因数就越低。

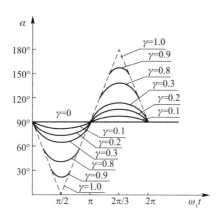

图 6-20　不同 γ 下，α 和 $\omega_1 t$ 关系

图 6-21 则给出了输入功率因数与负载功率因数之间的关系。从图 6-21 中可以看出，即使负载功率因数为 1 且满电压输出 $\gamma = 1$，输入功率因数也低于 1。随着负载功率因数的降低和输出电压比 γ 的减小，输入功率因数将会更低。

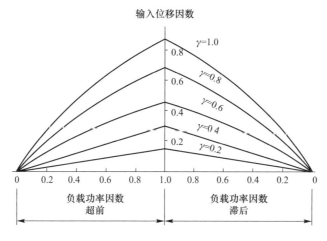

图 6-21　输入、输出功率因数间关系

③输出电压谐波。单相正弦型交—交变频电路输出电压谐波成分非常复杂，与输入频率 f_i、输出频率 f_o、电路脉冲波数均有关。采用三相桥式变流器的单相正弦型交—交变频电路输出

电压中主要谐波频率为 $6f_i \pm f_o$、$6f_i \pm 3f_o$、$6f_i \pm 5f_o$、…、$12f_i \pm f_o$、$12f_i \pm 3f_o$、$12f_i \pm 5f_o$,…。其中包含 3 次谐波,它们在构成三相输出时会被抵消。如采用无环流控制时,由于确保正、反两桥安全切换所需死区的影响,还将出现 $5f_o$、$7f_o$ 等次谐波。

④输入电流谐波。由于单相正弦型交—交变频电路输入电流波形及幅值均按正弦规律被调制,与可控整流电路相比,其输入电流频谱要复杂得多。采用三相桥式变换器的单相正弦型交—交变频电路的输入电流频率为

$$f_{in} = |(6k \pm 1)f_i \pm 2lf_o| \tag{6-23}$$

$$f_{in} = f_i \pm 2kf_o \tag{6-24}$$

式中,$k = 1,2,3,\cdots$;$l = 0,1,2,\cdots$。

2. 三相输入—三相输出交—交变频电路

三相输出交—交变频电路由三个输出电压相位互差 120° 的单相输出交—交变频电路按照一定方式连接而成,主要用于低速、大功率交流电机变频调速传动。

(1) 三相输出连接方式。三相输出交—交变频电路有两种主要连接方式,如图 6-22 所示。

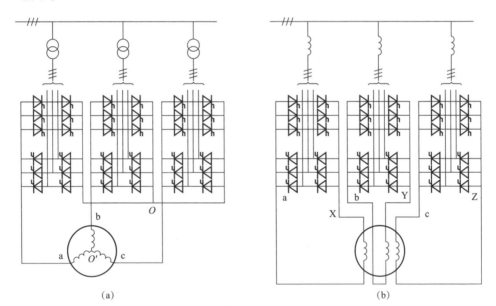

图 6-22 三相输出交—交变频电路连接方式

(a) 输出星形连接方式;(b) 公共交流母线进线方式

①输出星形连接方式。三组单相输出交—交变频电路 Y 形连接,中点为 O;三相交流电动机绕组也为 Y 接,中点为 O',如图 6-22(a)所示。由于三组输出连接在一起,电源进线必须采用变压器隔离。这种接法可用于较大容量交流调速系统。

②公共交流母线进线方式。此种接线方式是由三组彼此独立、输出电压互差 120° 的单相输出交—交变频电路构成的,如图 6-22(b)所示。其电源进线经交流进线电抗器连接至

公用电源。因电源进线端共用，三组单相输出必须隔离。这种接法主要用于中等容量交流调速系统。

（2）输入、输出特性。三组输出交—交变频电路的输出频率上限和输出电压谐波成分与单相输出交—交变频电路相同。

三相输出交—交变频电路总的输入电流是由三个单相输出交—交变频电路同一相输入电流合成得到，此时由于谐波会因相位关系相互削弱或抵消，因此谐波的种类有所减少，总谐波负值也有所下降。其谐波频率为

$$f_{in} = |(6k \pm 1)f_i \pm 6lf_o| \tag{6-25}$$

和
$$f_{in} = f_i \pm 6kf_o \tag{6-26}$$

式中，$k = 1, 2, 3, \cdots$；$l = 0, 1, 2, \cdots$。

当正、反组变换器采用三相桥式电路时，输出电源谐波频率为 $f_i \pm 6f_o$、$5f_i$、$5f_i \pm 6f_o$、$7f_i$、$7f_i \pm 6f_o$、$11f_i$、$11f_i \pm 6f_o$、$13f_i$、$11f_i \pm 6f_o$ 等，其中以 $5f_i$ 次谐波幅值最大。

三相输出交—交变频电路输入功率因数按以下定义式计算：

$$\gamma = \frac{P}{S} = \frac{p_a + p_b + p_c}{S} \tag{6-27}$$

即三相电路总有功功率可为每相电路有功功率之和，但视在功率不能简单相加，应由总输入电流、输入电压有效值之积来计算，由于三相电路输入电流谐波有所减小，三相总视在功率比三个单相视在功率之和小，故三相输出交—交变频电路总输入视在功率因数比单相输出交—交变频电路有所改善。

（3）改善输入功率因数和提高输出电压措施。要改善三相输出交—交变频电路的输入功率因数和提高输出电压，其基本思路是在各相电压中叠加入零序分量成分（如直流、3次谐波等），由于它们不会出现在线电压中，因此也不会加到 Y 形连接负载上。具体措施有直流偏置法、交流偏置法。

①直流偏置法。当交—交变频电路驱动交流电机作变频调速运行时，根据电机运行理论，低频低速时必须相应降低电机端电压，此时变频电路输出电压幅值很低，各组变流器触发角 α 都在 90°附近，输入功率因数很低。此时若给各相输出电压上叠加入相同大小的直流，可使 α 角减小，提高输入功率因数，但输出负载线电压并不改变。这种方法称为直流偏置法，常用于长期低速运行的交流电动机供电。

②交流偏置法。若给各相输出电压上叠加 3 次为主的零序分量谐波，使输出电压波形呈梯形波，如图 6-23 所示。

但线电压中三次谐波等互相抵消，负载上电压仍为正弦。这种控制方式下两变流器可长时间工作在高压输出的梯形波平顶区，α 角小，输入功率因数可提高 15%左右。与此同时，正弦波输出控制时最大输出相电压幅值只能为 α = 0°时的 U_{ao}，而梯形波输出中的基波幅值可比 U_{ao} 高 15%，故采用梯形波输出控制方式可使三相输出交—交变频器输出电压提高 15%。

由于梯形波输出控制相当于在相电压中加入 3 次等交流谐波，故称为交流偏置法。

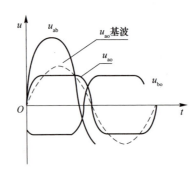

图 6-23　交流偏置法控制下理想输出电压波形

AC-AC 变换器是指将一种形式的交流电变换成另一种形式的交流电,它可以是电压幅值的变换,也可以是频率和相数的变换。能实现这种变换的电路称为 AC-AC 变换电路。

通过晶闸管控制,靠交流电源电压换相的 AC-AC 变换器分为两类:一类是频率不变仅改变电压大小的交流电控制器或交流调压器;另一类是直接变频器。交流调压器依靠晶闸管的移相控制使交流电源电压正弦波形的一部分作为电源输出,另一部分被晶闸管关断。因此输出电压总是小于输入电压,即电压控制器只能降压,且输出电压中含有较大的谐波。斩控式交流调压,在工频周期内多次控制开关器件导通关断,实质也是将交流电源电压正弦波形的一部分作为输出提供给负载。斩控式交流调压使用了面积等效的概念,输出电压谐波含量很小,适合在电压要求高的场合使用。

晶闸管相控直接变频的基本原理还是相控整流和有源逆变原理。正、反两组相控变流器反并联输出。晶闸管相控直接变频与交—直—交间接变频相比较其优点是只有一级功率变换,效率高的同时可以用晶闸管靠交流电源电压过零反向换相,又可方便地实现四象限运行,低频时可输入一个高质量的正弦波。但其输出频率不宜高于输入频率的 1/3,且具有输入电流谐波大、输入功率因数低等缺点。晶闸管相控直接变频器适用于高电压、大容量、低速度的交流电机四象限变速传动系统。

1. 根据变换的要素不同交流变换电路可分为哪两大类?
2. 交流电力控制电路包括哪三种形式?各有什么特点?
3. 试说明直接变频电路与间接变频电路的不同。
4. 简述单相交流调压电路的工作原理。
5. 在交流调压电路中,实现输出电压可控为什么要满足延迟角大于负载功率因数角?
6. 试说明相控式交流调压电路与斩控式交流调压电路在控制上有何区别。
7. 简述星形连接三相三线交流相控式调压电路触发延迟角的移相范围为什么是

$0°\sim150°$。

8. 试说明相控式交—交变频电路的基本工作原理，为什么只能实现降频而不能升频？

9. 简述斩控式交流调压的基本工作原理。

10. 什么是余弦交点控制法？

11. 什么是直流偏置法和交流偏置法？

第七章

变流器与电机驱动系统

在新能源汽车中，一般情况下是电机取代发动机并在电机控制器的控制下，将电能转换为机械能来驱动汽车行驶。其中，在纯电动汽车、太阳能电动汽车和燃料电池电动汽车中，电机作为纯驱动装置；在串联式混合动力汽车中，电机作为主要动力装置；在并联式混合动力汽车中，电机作为辅助动力装置。新能源汽车与普通燃油汽车的最重要的区别就在于电机驱动系统。

新能源汽车电驱动技术研究与应用

第一节 新能源汽车电机驱动系统概述

新能源汽车电机驱动系统主要由电气系统和机械系统组成。其中，电气系统由电机、功率转换器和电机控制器三个子系统构成；机械系统则由机械传动和车轮等构成。在电气系统和机械系统的连接过程中，机械系统是可选的，有些新能源汽车的电机是安装在轮毂上直接驱动车轮运动的。

一、新能源汽车电机驱动系统的种类及特点

1. 纯电动汽车的电机驱动系统

传统内燃机汽车中依靠传动装置可以使速度和转矩按照期望的特性变化，纯电动汽车的电机驱动系统采用矢量控制、弱磁控制等技术也可以使电机得到几乎相似的特性，所以，纯电动汽车可以省去传动装置，使其在结构上更加简单，同时产生的机械能量等损失也减少了。再加上能量回收装置，还可以得到更高的效率。纯电动汽车没有传统内燃机的怠速工况，在等待交通信号灯时可以不消耗能量，从而达到节省能量的目的，并且由于不存在发动机转动而更加安全。另外，与传统内燃机相比，其转矩控制响应速度大大提高了，具有较快的加速响应、较好的防滑控制，以及较佳的制动控制等相应平顺性和安全性优势。

对于采用单电机驱动的纯电动汽车，其电机不需要太大的变速范围，可有效使用较小容量的永磁电机；具有差速器和减速器，不采用离合器和传动装置的无传动系统。虽然没有离合器和传动装置的损失，但是还存在着差速器的损失。另外，从回收制动的角度出发，由于可以实现从车轮到电机的回收，所以有利于全轮驱动。因为没有传动装置，运转更加容易，

但这样也需要低速大转矩、速度变化区域大的电机，同时，电机和逆变器的容量也均变大了；去除了差速器的系统称为无差速器系统。这种电机是将传动电机的定子变成了可动的结构，另一方面，当转子上电的时候可以相互反向回转。

双电机驱动方式可分为前后驱动（即两个电机对前后轮分别驱动）和双轮毂式电机两类。双轮毂式电机及其逆变器的造价较高。四轮毂式电机将电机组安装在车轮轮毂中，机构更加紧凑。轮毂式电机的大型化较难，但是总功率依靠4台电机分担，每台电机的容量可以变得小一些。另外，由于没有动力传动装置，效率可以稍微得到改善。

2. 混合动力电动汽车的驱动系统

混合动力汽车可分为依靠电机行驶的串联式混合动力汽车、发动机辅助行驶的并联混合动力汽车，以及兼具两者性能的串并联混合动力汽车。

（1）串联式混合动力汽车解决了续驶里程短这个电动汽车的难题，行驶中或者停车时由能量源可向电池充电，能量源与车轮在结构上没有机械连接，因此，驱动系统的结构具有更高的自由度。图7-1与图7-2所示分别为以发动机作为能源的串联式混合动力汽车的能量流动和以燃料电池为能源的串联式混合动力汽车的能量流动。

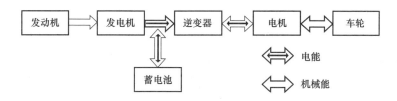

图7-1 以发动机为能源的串联式混合动力汽车的能量流动

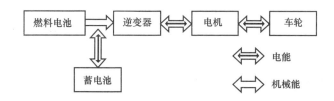

图7-2 以燃料电池为能源的串联式混合动力汽车的能量流动

（2）并联式混合动力汽车驱动系统中装载的电机/发电机，要进行制动、驱动，发动机还随着运转状况改变转速和输出功率。制动时电机/发电机处在发电机模式，电池回收电力，启动、加速时作为电机提供驱动转矩。其特点是发动机内的飞轮组合了电机/发电机，可以在现行车辆驱动系统中原封不动的使用，电气部分更加简单，电气系统出现故障的情况下，可单独采用发动机运转。以发动机作为能量源的串联式混合动力汽车，发动机虽然在最佳转速和最佳输出功率下运行效率高，但如需要驱动容量很大的电机时，还要有可供给电能的发电机。这些情况下就需要配备许多较重的电气设备，电池容量也要增大，因此质量也增加了。并联式混合动力汽车的电机与电池虽然满足容量较小的条件，但是大部分依靠发动机行驶，发动机就不能工作在最佳点，故效率较低。

(3) 串联式混合驱动方式同时具有发动机和电机，与同样具有发动机和电机的并联式混合动力汽车不同，发动机与车轮通过机械结构连接到一起。尽管电机的设计容量较小，但是在小功率时可作为纯电动汽车运转，能实现多种驱动方式。对于发动机汽车来说，在路况恶劣需频繁启停的行驶条件下，可回收制动使之相对节省了燃油。除此之外，车辆还具有混合动力汽车所带来的一些优点：如减少了较重的电池等大容量、短时间的能量存储量，不充电也能使汽车仅在有燃料（汽油）补给的情况下持续行驶。

二、新能源汽车对驱动电机的性能要求

新能源汽车用电机在需要充分满足作为汽车的运行功能的同时，还应满足行驶时舒适性、适应环境的性能和一次充电的续驶里程等性能。新能源汽车用电机要求具有比普通工业用电机更为严格的技术规范。其电机驱动系统的主要性能要求如下：

（1）体积小、质量轻。减小有限的车载空间，特别是总质量的减少。电机采用铝合金外壳，以降低电机的质量。各种控制装置的质量和冷却系统的质量等也要求尽可能轻。

（2）在整个运行范围内的高效率。一次充电续驶里程长，特别是行驶方式的频繁改变时，低负荷运行也应该具有较高的效率。

（3）低速大转矩特性及宽范围内的恒功率特性。即使没有变速器，电机本身也应满足所需要的转矩特性。已获得所需要的启动、加速、行驶、减速、制动等功率与转矩。电机具有自动调速功能，因此，可以减轻驾驶员的操纵度，提高驾驶的舒适度，并且能够达到与内燃机汽车加速踏板同样的控制响应。

（4）高可靠性。在任何情况下都应确保具有高度的安全性。

（5）价格低。要想得到普及，价格降低是必经之路。

（6）高电压。在允许的范围内尽可能采用高电压，可以减小电机的尺寸和导线等装备的尺寸，特别是可以降低逆变器的成本。

（7）各种动力电池组和电机的工作电压可达到 300 V 以上。对电气系统安全性和控制系统的安全性，都必须符合相关车辆电气控制的安全新能标准和规定。

（8）高转速。高转速电机的体积较小，质量较轻，有利于降低整车的装备质量。

同时，电机还要求耐温和耐潮性能强，运行时噪声低，能够在较恶劣的环境下长时期工作、结构简单，适合大批量生产，使用维修方便等。

三、新能源汽车驱动电机的分类

目前，从现已成熟的电机技术来看，开关磁阻电机在各个技术特性方面似乎很符合电动车的使用需要，但尚未得到广泛的应用；而现今永磁同步电机在电动汽车行业应用较为广泛；现在较为知名的特斯拉 Model 系列均采用异步电机。另外，如果按电流类型划分还可以分为直流电机和交流电机两种。表 7-1 根据转速、功率密度、体积等多方面特性参数对比列举了 4 种较为典型的驱动电机特点。

表 7-1 各种驱动电机性能对比

性能及类型	直流电机	异步电机	永磁同步电机	开关磁阻电机
转速范围/rpm	4 000~6 000	12 000~20 000	4 000~10 000	>15 000
功率密度	低	中	高	较高
质量	重	中	轻	轻
体积	大	中	小	小
可靠性	差	好	一般	好
结构坚固性	差	好	好	好
控制器成本	低	高	高	一般

从表 7-1 中可以看出，新能源汽车经常采用的驱动电机包括直流电机、交流异步电机、永磁同步电机和开关磁阻电机。最早应用于电动汽车的是直流电机，这种电机的优点是控制性能好、成本低。随着电子技术、机械制造技术和自动控制技术的发展，交流异步电机、永磁同步电机和开关磁阻电机显示出比直流电机更加优越的性能，这些电机正在逐步取代直流电机。

第二节 直流电机驱动系统

在电动汽车发展的早期，20 世纪 80 年代前，几乎所有的车辆都采用直流电机作为驱动电机，如法国雪铁龙 SAXO 电动轿车和日本大发 HIJET 电动面包车均达到年产 1 万辆的规模。直流电机技术较为成熟，具备控制方式容易、调速优良的特点，曾经在调速电动机领域内有着最为广泛的应用。但是由于直流电动机机械结构复杂，导致它的瞬时过载能力和电机转速的进一步提高受到限制，而且在长时间工作的情况下，电机的机械结构会产生损耗，增加维护成本。另外，电动机运转时电刷冒出的火花使转子发热，会造成高频电磁干扰，影响整车其他电器性能。由于直流电动机有着以上缺点，除小型车外，目前，电动汽车的驱动系统通常采用交流或无刷直流电机驱动系统。

一、直流电机驱动系统结构

随着电力电子技术的飞速发展，直流斩波控制器因具备体积小、质量轻、效率高和可靠性好等优点，已被广泛地应用于直流电机驱动控制。图 7-3 是直流电机驱动系统基本结构。其中，DC-DC 变换器用于控制电枢电流，从而控制直流电机的输出转矩。一般情况下，反馈控制变量只有电机速度，而电枢电流反馈主要是出于保护目的。

在直流驱动系统中，直流驱动电机通常采用高速电机，以获得高功率密度。通常的电机旋转速度为 5 000 r/min，因此需要采用固定齿轮（FG）将其速度降至 1 000 r/min 以驱动汽车。为提供反向驱动，如倒车等，直流电机需要能够反方向旋转；否则需要使用倒挡齿轮。当然，由于倒挡齿轮体积大、效率低且结构复杂，直流电机的反向旋转成为更好的逆向传动选择。另外，根据所需要的操作和性能，DC-DC 变换器和直流电机有多种选择。

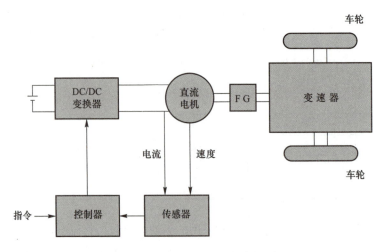

图 7-3 直流电机驱动系统基本结构

二、直流电机的结构

直流电机是由英国科学家威廉·斯特金在 1832 年发明的,并已服务了一个多世纪。自从交流电机问世以来,用于驱动的直流电机正在逐步被淘汰。然而,为简单起见,在一些低端或越野电动汽车中仍然主要采用直流电机。

直流电机主要由定子、转子和换向器组成。定子是采用励磁绕组或永磁体产生磁场励磁的励磁电路;而转子是安装电枢绕组的电枢电路。其中电枢电流是双向的,并且由换向器通过电刷切换。

励磁电路和电枢电路的不同布置会形成不同类型的直流电机,从而提供不同的转矩 – 转速特性。如图 7-4 所示,直流电机可以分为他励型、串励型、并励型、积复励型、差复励型和永磁型。

在他励直流电机中,励磁电路和电枢电路分别由不同的电压源供电,从而可以对它们的电流进行独立控制。在并励直流电机中,励磁电路和电枢电路并联,并由相同的电压源供电,从而可以同时控制它们的电流。在串励直流电机中,励磁电路和电枢电路串联,从而使得其励磁电流和电枢电流相同,并且可以同时控制。在积复励直流电机中,有两个励磁电路,其中一个与电枢电路串联,另一个与电枢电路并联,而串联磁场的磁通方向与并联磁场的磁通方向相同。与积复励直流电机不同,差复励直流电机的串联磁场的磁通方向与并联磁场的磁通方向相反。

通过永磁体励磁和磁极结构可以得到永磁直流电机,由于永磁体可以节省电机空间且没有励磁损耗,因此,永磁直流电机具有比上述绕线励磁型电机更高的功率密度和效率。然而,由于永磁电机的永磁体励磁是不可控制的,因此不能实现磁通控制的运行特点。

由于使用换向器和电刷,绕线励磁型和永磁型直流电机存在相同的基本问题。其中换向器会引起转矩脉动并限制运行速度,而电刷会导致摩擦和视频干扰。另外,由于磨损,需要

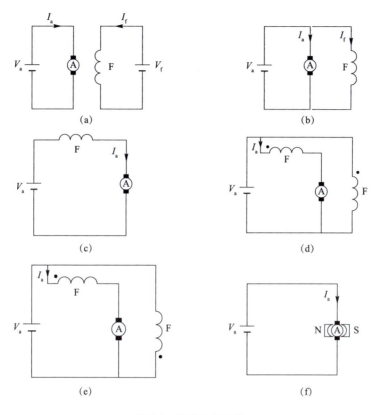

图 7-4 直流电机结构

(a) 他励电机；(b) 并励电机；(c) 串励电机；
(d) 积复励电机；(e) 差复励电机；(f) 永磁电机

定期维护换向器和电刷。这些缺点使直流电机不可靠并且不适合免维护运行，因此限制了其在现代电动汽车中的应用。

第三节　DC-DC 变换器在直流电机驱动系统中的应用

在恒定电压源时，直流电机只能提供自然的转矩-转速特性。为了给电动汽车提供合适的转速控制，使用 DC-DC 变换器则成了必要的前提条件。

当 DC-DC 变换器工作在斩波模式下时，通常被称为直流斩波器，并被广泛用于直流电机驱动的电压控制。这些直流斩波器可以分为第一象限斩波器、第二象限斩波器、两象限斩波器和四象限斩波器四种类型。

第一象限直流斩波器如图 7-5 所示，适用于电动机模式并且能量是由电压源流向电机；第二象限直流斩波器很少单独用于直流电机驱动系统，仅被用于再生制动中，并且能量是由电机流向电压源。再生制动对于电动汽车来说非常重要，因为利用能量的再生制动能够明显地增大电动汽车的续航里程。

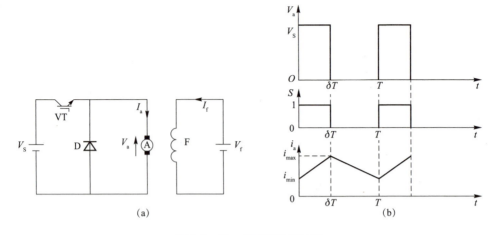

图 7-5　第一象限直流斩波器

（a）电路图；（b）波形图

图 7-6 所示的两象限直流斩波器被广泛地使用，因为它能够工作在电动模式和能量再生制动模式下。另外，如图 7-7 所示的四象限直流斩波器能够用来代替机电接触器实现电动汽车的反向运行，以便控制电动汽车的前进和后退操作中的电动模式和再生制动模式。

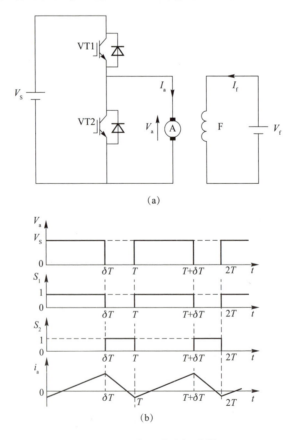

图 7-6　两象限直流斩波器

（a）电路图；（b）波形图

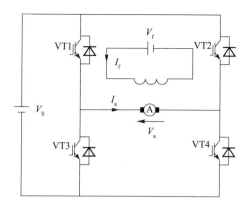

图 7-7　四象限直流斩波器

第四节　交流电机驱动系统

在电机驱动领域，无换向器电机驱动比传统的直流电机驱动更具优势。目前，感应电机驱动系统是最为成熟的一种无换向器电机驱动方式。感应电机主要有绕线型和鼠笼型两种。鉴于成本高、维护量大和牢固性差等缺陷，在电动汽车的点驱动应用中，鼠笼型感应电机比绕线型感应电机更具吸引力。因而，在电动汽车领域，鼠笼型感应电机也可被简称为感应电机。除无换向器电机驱动的共同特点外，感应电机驱动还具有低成本和坚固性高等优点。这些优点可以克服感应电机驱动控制的复杂性，从而促进了该技术在电动汽车领域的广泛应用。

特斯拉纯电动汽车是怎样工作的？

一、感应电机驱动系统的结构

感应电机驱动系统的基本结构如图 7-8 所示。其包括三相鼠笼感应电机、三相脉宽调制（PWM）逆变器、电子控制器和传感器。

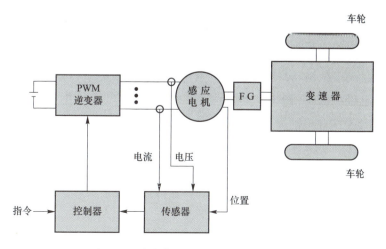

图 7-8　感应电机驱动系统的基本结构

对于电动汽车驱动系统而言，系统结构可以是单电机或多电机。其中单电机系统结构已经广泛应用于商业电动汽车中。图 7-8 所示的单电机结构只需一台感应电机和一台 PWM 逆变器，就可以将尺寸、质量和成本最小化。然而该结构需要一台差速器来调整转弯时驱动轮的相对速度。另外，该结构采用定速齿轮来降低电机转速以适应车轮速度。需要注意的是，电动汽车驱动系统广泛应用高速感应电机，以降低电机尺寸和质量，这是电动汽车最为关键的核心。

二、感应电机用逆变器

感应电机用逆变器一般可以分为电压源型和电流源型两种类型。由于电流源型逆变器需要串联大电感，所以该类逆变器很少应用在电动汽车驱动系统中。

然而由于电压源型逆变器结构简单且功率可双向流动，故其在电动汽车驱动中占据了主导地位。

典型的三相全桥电压源型逆变器如图 7-9 所示。由于不同应用场合的开关策略不同，其输出波形为六部或 PWM。六部逆变器具有结构简单和开关损耗低等优点。但由于幅值无法直接控制且低次谐波较多，因而已被逐步淘汰。另一方面，由于 PWM 逆变器能够优化其谐波分量且能够在进行速度控制时使其基波幅值和频率平滑变化，因而获得了广泛应用。

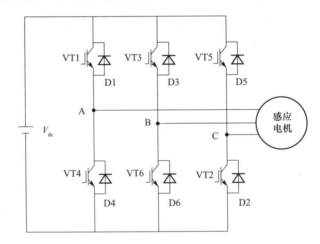

图 7-9 三相全桥电压源型逆变器

逆变器的设计高度依赖功率器件技术。目前，基于绝缘栅双极型晶体管（IGBT）的逆变器最为流行且已经广泛应用于现代电动汽车。功率器件的选择依据如下：

（1）额定电压至少是电池额定电压的两倍，以承受开关过程中的电压冲击；

（2）额定电流要大到无须多个功率器件并联；

（3）开关速度要快到足以抑制电机谐波和噪声。

另外，一个功率器件模块通常集成两个功率器件或者六个功率器件，旨在减少走线和杂散阻抗。

电压源型逆变器有很多的 PWM 开关策略，其考虑因素主要有以下几点：

①输出波形基波分量的幅值和频率能够平滑变化；

②输出波形谐波畸变最小；

③开关算法能够以最少的软硬件资源实时执行；

④可以承受电池电压波动。

这些 PWM 开关策略可为电压控制或电流控制。由于电机转矩和磁链与控制电流直接相关，因此，在高性能感应电机驱动中通常采用电流控制。用于电压源型逆变器的先进 PWM 开关策略有正弦 PWM、规则 PWM、优化 PWM、Delta PWM、随机 PWM、混沌 PWM、电流滞环 PWM、空间矢量 PWM。其中，电流滞环 PWM 和空间矢量 PWM 在电动汽车用感应电机驱动中应用最为广泛。

三、软开关逆变器

逆变器采用的是软开关而不是硬开关。软开关的核心是采用谐振电路对电流和电压波形进行整形，以实现功率器件零电流开关（ZCS）或者零电压开关（ZVS），从而使电流和电压重叠部分最小化，进而最小化开关损耗。软开关逆变器通常具有以下优点：

（1）由于 ZCS 和 ZVS 的实现条件，器件开关损耗几乎为零，从而提高了整体效率。

（2）由于 ZCS 和 ZVS 较低的散热要求和较小的缓冲电路尺寸，减小了逆变器的尺寸和重量，从而提高了整体功率密度。

（3）由于 ZCS 和 ZVS 较低的 dv/dt 效应，减轻了电磁兼容问题和电机绝缘问题。

（4）由于 ZCS 和 ZVS 工作在高频状态，使得噪声最小化。

另一方面，软开关逆变器存在以下缺点：

（1）存在附加电路且控制负载。

（2）系统可靠性较低。

（3）由于需要附加的谐振电路，附加成本和损耗增加。

感应电机驱动用软开关逆变器已经成为电力电子学科的一个研究方向。现有文献提出了多种软开关逆变器拓扑结构。总体而言，其拓扑结构可以分为直流型和交流型。直流型可以进一步分为谐振环型和谐振极型，交流型可以进一步分为谐振型和非谐振型。

第五节　永磁同步电机驱动系统

在众多类型的驱动电机中，永磁同步电机是目前用于电动汽车驱动系统的最具市场吸引力的电机。由于使用了高能永磁材料，永磁同步电机具有高功率密度、高效率、体积小、惯性低、响应快等特性。

一、永磁同步电机驱动系统的结构

用于驱动的永磁同步电机驱动系统与感应电机驱动系统结构类似。主要可选方案包括单电机和多电机结构,以及有/无齿轮传动系统。基本上,单电机系统结构包括一台永磁同步电机、一个电压源型逆变器、一个电子控制器和一些传感器,如图7-10所示。

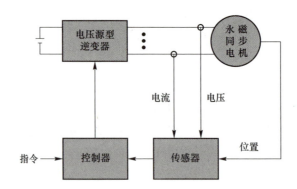

图 7-10 永磁同步电机驱动系统的基本结构

二、永磁同步电机用逆变器

永磁同步电机通入的是正弦电流,采用的是三相全控桥逆变器。永磁同步电机采用脉宽调制控制策略。

电动汽车电力系统要求电机具有四象限运行能力,即正转电动、正转制动、反转电动和反转制动。四象限的定义和相应的转矩-转速特性见表7-2。正转制动在本质上可以捕获制动能量,从而给电动汽车动力电池充电,进而可以使每次充电的行驶距离增加10%左右。

表 7-2 四象限运行

电机工作状态	象限	转矩	转速
正转电动	I	正的	正的
反转制动	II	正的	负的
反转电动	III	负的	负的
正转制动	IV	负的	正的

图7-11所示是永磁同步电机驱动电路,通常转子位置传感器与电动机轴连在一起,用来随时测定转子磁极的位置,为电子换向器提供正确的信息。位置传感器将转子的位置信号电平反馈给控制芯片,控制芯片经过电流采样和数学变换,并根据反馈的位置信息经过闭环运算,重新按新的PWM占空比输出,来触发功率器件(IGBT或MOSFET),实际上逆变器是自控的,由自身运行来保证电动机的转速和电流输入频率同步,并避免振荡和失步的发生。

其中,输入电压是动力电池电压 V_{dc},直流输入电流 i_{dc} 是双向的,电机转速依赖于定子频率,极性取决于相序。当电机驱动在第一象限作正转电动时,转矩和转速均为正,因而逆

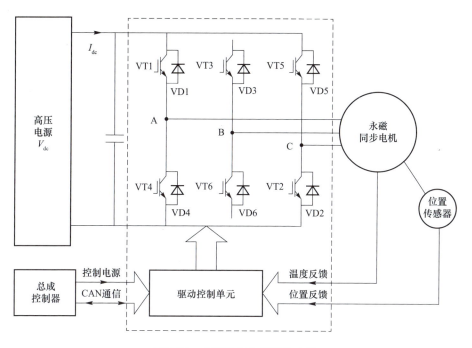

图 7-11 永磁同步电机驱动电路

变器的输入、输出功率均为正。因此，若电池电压为正，故逆变器的直流平均输入电流必须为正。因为电机转速为正，所以定子绕组的相序为正，即 A – B – C。当电机在第四象限做正转制动运行时，转速为正而转矩为负。因此，既然制动能量对电池充电，故平均直流输入电流为负。因为电机转速仍然为正，所以定子相序为正。除电机转速为负和相应的定子相序为负（A – C – B）外，第三和第二象限运行分别类似于第一和第四象限运行。四象限运行对逆变器的要求见表 7-3。

表 7-3 四象限运行对逆变器的要求

电机工作状态	象限	直流电流	交流相序
正转电动	I	正的	正的
反转制动	II	负的	负的
反转电动	III	正的	负的
正转制动	IV	负的	正的

第六节 开关磁阻电机驱动系统

开关磁阻电机（Switched Reluctance，SR）是一种典型的双凸极电机。早在 1838 年，苏格兰人 Davidson 就使用开关磁阻电机来驱动机车，这也是关于开关磁阻电机的最早记载。然而直到20世纪60年代，由于电力电子技术、计算机技术和自动控制理论的发展，开关磁阻电机的设计开发才得以全面开展。开关磁阻电机具有结构简单、运行可靠、成本低、效率高等突出优点，目前已成为直流电机、交流电机和永磁同步电机调速系统强有力的竞争者。

一、开关磁阻电机驱动系统的结构

如图7-12所示，SR电机驱动系统主要包括SR电机、SR功率变换器、传感器和控制器四个部分。其中，SR电机作为电能和机械能转换的器件，起到关键性作用。另外，与一般的交流电机变频器有所不同，SR功率变换器由直流母线或电池组等直流电源供电，然后将电能送入SR电机。控制器根据命令信号、控制算法和传感器反馈将驱动信号送到功率变换器的开关元件控制端。因此，采用合适的控制策略，可实现SR电机的高性能。

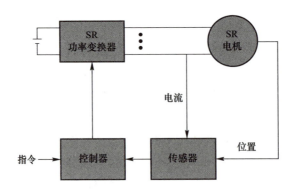

图7-12 开关磁阻电机驱动系统的基本结构

二、开关磁阻功率变换器拓扑

与交流电机不同，SR电机产生的转矩与电流极性无关。因此，交流电机采用的常规桥式逆变器不适用于SR电机。实际上，现如今已经有许多专门为SR电机开发的功率变换器拓扑，即所谓的SR功率变换器。其主要特点是定子绕组与变换器的上、下开关串联，可以防止交流电机逆变器中存在的直通故障。

一般来说，根据功率变换器开关数量和相数 m 之间的关系，SR功率变换器拓扑通常可分为以下四种：

（1）$2m$ 开关器件SR功率变换器；
（2）m 开关器件SR功率变换器；
（3）$(m+1)$ 开关器件SR功率变换器；
（4）$1.5m$ 开关器件SR功率变换器。

不对称式变换器拓扑如图7-13（a）所示，为最常见的 $2m$ 开关器件SR变换器。该拓扑每相桥臂采用两个开关器件和两个二极管。该变换器的主要优点是控制灵活，允许电机每相独立控制，有利于电机高速运行，其中，相邻两相电流之间可能存在相当大的重叠。该功率拓扑的主要缺点是比同类变换器需要更多的功率器件,增加了变换器的成本和封装尺寸。为了控制输出转矩,需要有效地控制相电流。尽管可以通过电压脉冲宽度调制(PWM)控制相电流,但电流 PWM 控制可以直接控制电流大小,因此后者更为常用。不对称桥式变换器的工作波形如图 7-13(b)所示。

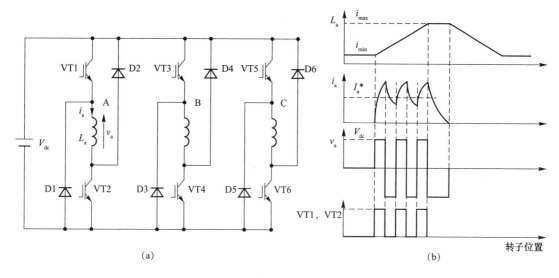

图 7-13　不对称桥式 SR 功率变换器
(a)拓扑；(b)工作波形

当开关 VT1 和 VT2 导通时,A 相电流开始增加。如果电流超过滞环电流控制器的上限,则 VT1 和 VT2 关闭,电流经二极管 D1 和 D2 续流逐渐减小,存储在相绕组中的磁能返回到直流电源 V_{dc}。如果电流小于滞环电流控制器的下限,则 VT1 和 VT2 再次导通。因此,电流被迫在滞环电流窗口内摆动,以使得平均电流维持期望电流 i_a^*,直到导通区间结束。值得注意的是,如果关断过程中仅关断 VT1,保持 VT2 开通,则电流经由 VT2 和 D1 续流缓慢减小,绕组端电压变为零。这种续流策略可以降低开关频率,从而降低开关损耗。

图 7-14(a)所示为典型的 m 开关器件 SR 功率变换器拓扑,称为 R-dump SR 功率变换器。该拓扑每相仅使用一个开关器件和一个二极管,但增加了额外的无源元件 R 和 C。该拓扑主要优点是元器件数量少,变换器成本低。但是该拓扑存在着运行效率较低、无法灵活控制每相电流的缺点。除关断过程外,R-dump SR 功率变换器的工作波形与不对称变换器的工作波形相似,如图 7-14(b)所示。也就是说,如果电流高于滞环电流比较器的上限,则 VT1 被关断。因此,电流经二极管 D1 续流逐渐减小,存储在相绕组中的磁能一方面对电容充电直到达到直流侧电源电压;另一方面消耗在电阻 R 上,因此变换器工作效率较低。并且,由于该拓扑中相绕组上没有零电位点,因此其控制灵活性不足。另外,R 的取值较为关键。如果 R 太小,则电流下降时间过长,将可能导致在相电感的负斜率区当电流仍然为非零时产生负转矩;与此相反,如果 R 太大,则需要将关断瞬间产生的高电压设定在功率器件的额定耐压范围内。

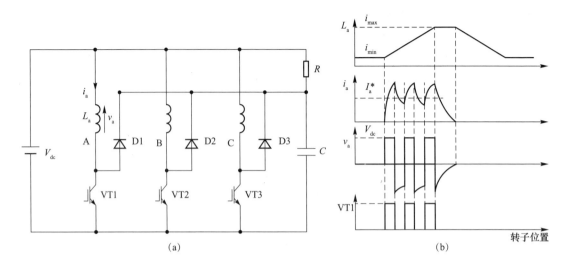

图 7-14　R – dump SR 功率变换器

(a) 拓扑；(b) 工作波形

图 7-15 (a) 所示是一种典型的 ($m+1$) 开关器件 SR 功率变换器拓扑，称为 C – dump SR 功率变换器。该拓扑用最少的开关器件实现了每相电流的独立控制，但相绕组两端的负电压受到电容器端电压与直流电源电压之差的限制，减慢了电流换向速度。C – dump 变换器的工作波形如图 7-15 (b) 所示。当电流超过滞环电流控制器的上限时，VT1 断开，二极管 D1 受正向偏置，存储在相绕组中的磁能对电容器 C 充电，然后经由开关 VT 传输到直流电源，电流逐渐减小。

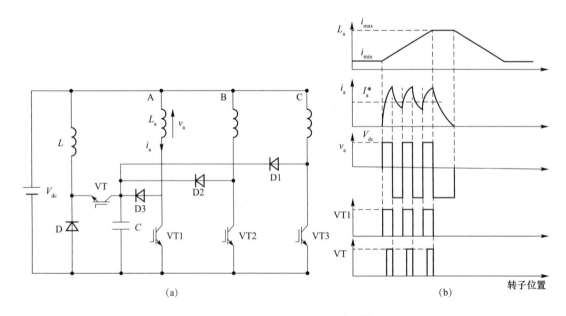

图 7-15　C – dump SR 功率变换器

(a) 拓扑；(b) 工作波形

1.5m 开关器件 SR 功率变换器的拓扑结构如图 7-16（a）所示。该拓扑共享每两个非相邻的开关器件，即每两相仅用三个开关器件和三个二极管，实现了独立控制每相电流。然而，这种拓扑仅适用于偶数相的 SR 电机。该变换器的工作波形如图 7-16（b）所示。开关 VTx 承受 A 相和 C 相的电流，开关 VTy 承受 B 相和 D 相的电流。因此，VTx 和 VTy 的额定值大于每相开关器件 VT1、VT2、VT3、VT4 的额定值。这种相绕组的分组方式可以保证其独立控制每相电流。

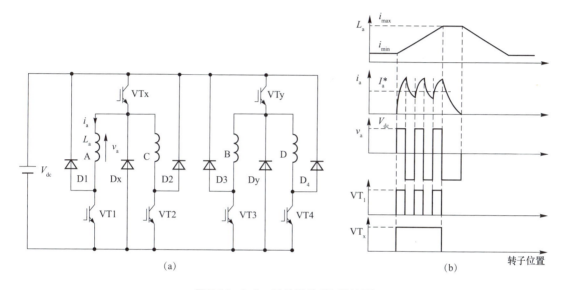

图 7-16　1.5m 开关器件 SR 转换器

(a) 拓扑；(b) 工作波形

三、软开关磁阻功率变换器拓扑

为了改善 SR 电机驱动器的性能，例如，减小转矩脉动或改善动态响应性能等，SR 功率变换器需工作在更高的开关频率。然而，由于传统的 SR 变换器采用硬开关技术，提高开关频率必然导致开关损耗的升高以及更严重的电磁干扰，从而降低了变换器的效率和电磁兼容能力。然而在 SR 变换器中使用软开关技术则可以显著降低开关损耗和电磁干扰。近年来，已经提出了不少软开关 SR 变换器拓扑，可分为以下几种：

(1) 谐振开关 SR 变换器；

(2) 谐振直流母线 SR 变换器；

(3) 零转换 SR 变换器。

谐振开关 SR 变换器采用电感－电容（LC）振荡电路和辅助开关，使主开关能够在零电压开关（ZVS）条件下开通关断或在零电流开关（ZCS）条件下开通关断。因此，理论上可实现开关损耗。然而，该类变换器无法实现 PWM 开关控制，并且开关频率需要与辅助电路的谐振频率同步，从而只能向 SR 电机提供脉冲电流，导致了转矩脉动和噪声的恶化。同时，谐振电容增加了主开关上的电压应力。

谐振直流母线 SR 变换器的直流母线处包含 LC 谐振电路和辅助开关。通过将直流母线转换为具有零电压凹槽的脉动电压，主开关可以在这些零电压凹槽处导通或关断，从而实现 ZVS 及理论上的零开关损耗。然而，该类变换器缺乏 PWM 开关控制能力。直流母线的谐振实现是以电压应力和母线器件损耗为代价的。采用有源钳位谐振直流母线 SR 变换拓扑可改善电压应力的缺点。

将辅助谐振电路和 PWM 开关控制相结合，SR 功率变换器可以在 PWM 控制的基础上实现 ZVS 或 ZCS，分别为零电压转换（ZVT）和零电流转换（ZCT）。由于拥有 PWM 开关控制的能力，零转换 SR 变换器具有高可控性和理论上的零开关损耗。两种零转换 SR 变换器如图 7-17 和图 7-18 所示。ZVT SR 变换器的优点是，所有主开关和二极管均能实现 ZVS，同时相应器件的电压应力和电流应力保持一致。应用于功率变换器的场效应晶体管 MOSFET 有严重的电容开通损耗，因此，SR 功率变换器是一种理想的功率变换器。另一方面，ZCT SR 变换器的优势在于，无论是主开关还是辅助开关均可保持最低电流应力和最低电压应力的 ZCS。然而绝缘栅双极型晶体管 IGBT 作为非常适用于功率变换器中的功率器件，通常有严重的感应关断损耗。

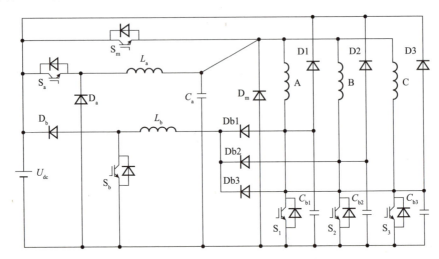

图 7-17 零转换 SR 变换器 ZVT 拓扑

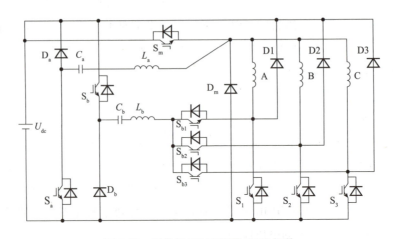

图 7-18 零转换 SR 变换器 ZCT 拓扑

本章介绍了新能源汽车驱动系统的种类和特点，分别介绍直流电机驱动系统、交流感应电机驱动系统、永磁同步电机驱动系统和开关磁阻电机驱动系统这四大驱动系统的特点和控制方法及应用。

直流电动机驱动技术是非常成熟和发达的。电动汽车中直流电机驱动的应用技术具有技术成熟和控制简单的明确优势。然而，随着对电机高效率、高功率密度、免维护运行等不断增长的需求，直流电机驱动对于电动汽车推进不再具有吸引力。事实上，其在电动汽车上的应用正在减少和消失。

感应电机从诞生到现在已有130年的历史了，经过持续改进，感应电机在工业应用中已经占据了主导地位。在计算机辅助设计工具、电力电子技术和负载控制策略等帮助下，感应电机驱动系统已经成为电动汽车的一种成熟技术。由于具有成本低、鲁棒性好和成熟技术度高等显著优点，在可以预见的将来，在电动汽车电机驱动市场中，感应电机驱动仍可以保持一个合理的市场占有率。

永磁同步电机具有高效率和转矩脉动小等显著优势，这正是电动汽车电驱动系统所需要的。目前，永磁同步电机驱动系统毫无疑问已经成为电动汽车的优选技术。

近几年来，开关磁阻电机由于其结构坚固、控制简单、无须维护，因而得到了极大的发展。开关磁阻电机利用先进的计算工具和精密的控制策略，使得开关磁阻电机驱动系统越来越多地应用到了电动车上。预计在不久的将来，越来越多的电动汽车企业会在其商业电动汽车中采用开关磁阻电机驱动系统。

1. 纯电动汽车的电机驱动系统有什么特点？
2. 混合动力电动汽车的驱动系统有什么特点？
3. 简述新能源汽车对驱动电机的性能要求。
4. 常用的新能源汽车驱动电机有哪几类？它们各有什么特点？
5. 直流电机驱动系统有什么特点？
6. DC–DC变换器在直流驱动系统中有什么作用？
7. 交流感应电机驱动系统的特点是什么？
8. 交流感应电机在结构上与直流电机有何不同？
9. 感应电机的逆变器有哪几类？
10. 永磁同步电机有什么特点？
11. 图7-19中各部分的作用是什么？
12. 永磁同步电机驱动系统采用什么逆变器？采用什么控制策略？

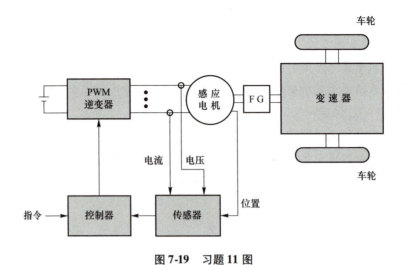

图 7-19 习题 11 图

13. 什么是电机的四象限运行？完成表 7-4。

表 7-4 习题 13 表

电机工作状态	象限	转矩	转速
正转电动	Ⅰ		
反转制动	Ⅱ		
反转电动	Ⅲ		
正转制动	Ⅳ		

14. 开关磁阻电机有什么特点？

第八章

变流器与车载充电机

电动汽车从供电电源处获取电能，并将电能转换为蓄电池的化学能，当汽车运行时提供给电动汽车行驶的动能。其充电技术是电动汽车的一项重要的技术，目前充电机根据应用环境，主要有地面式充电机和车载充电机（On-board Chargers）。地面式充电机一般安装在地面，可适应不同的充电需求进行大功率快充或者小电流慢充。而车载充电机安装在电动汽车上，一般设计为能与普通的民用交流电源插座连接，用以对电动汽车进行小功率慢速充电，车载充电机与地面式充电机不同，其除要考虑充电对蓄电池的影响外，还需要对整个充电机的体积、质量、环境因素、车内布局等因素进行考虑，同时，由于其大部分采用民用电力进行充电，还需要考虑充电机对电网的影响。

第一节 电动汽车充放电技术介绍

如何对动力电池的输入输出进行智能控制，实现节省能源、快速方便、安全使用并且使充电设备不易受损是电动汽车充放电技术研究的重点。这对电动汽车的能量存储及动力性能有重要影响。动力电池寿命的最大化也依赖于对其充放电过程进行科学合理的控制。

常规充电方式主要包括恒流模式、恒压模式等。充电电流或者充电电压维持不变，电压、电流无法随着蓄电池充电状态的变化而变化。这种静态模式的充电方式不受外界因素影响，因此不可能使充电状态达到最优。为了使动力电池的性能在充电的过程中随着充电动态而改变充电的电流或电压，需要采取智能充电法，这种充电方法可以保证动力电池在满足自身理论特性的状态下进行充放电，从而达到节省能源、快速高效、安全使用的最优充电效果。

在智能充电过程中必须对动力电池进行实时监控。充当这种监控角色的可以由电池管理系统 BMS（Battery Management System）来完成。动力电池的充电状态、工作温度、电池电量容量、单体电池状态可以通过 BMS 进行检测，动力电池当前的工作状态可以通过实时采集的数据得以体现，BMS 将这些数据信息通过数据线传送给充电机控制器进行处理，以判断当下需要何种充电方式，需要多大电流值、电压值反馈给蓄电池，控制输出电流和电压，实现精确、实时和快速的智能充电过程。

第二节　车载充电机总体结构

国内外都针对电动汽车车载充电机进行了研究，目前采用的结构可分为以下两大类：

（1）不可控整流加高频隔离直流变换器。这种结构一般来说对功率有很大限制且功率因数较低，对电网造成的污染较大，因而，其大量接入电网可能会对电网的稳定产生影响，但是这种结构满足安全的要求，且一般成本较低，其体积和质量也较容易控制。在该结构中，不可控整流模块将电网的交流电能转换为直流电能，并进行稳压滤波后，再通过 DC – DC 变换器将电能变换为可以对动力电池进行充电的电能。

（2）前级功率因数校正，后级隔离直流变换器的结构。这种结构也可以满足安全的要求，且对电网污染小，能实现低谐波和高功率因数的要求，但是由于其两级结构导致其装置一般体积会较大，成本较高。该两级结构中的第一级为功率因数校正 PFC 电路，其可提高输入的功率因数并抑制高次谐波；而第二级为 DC – DC 变换器，其将电能变换为可以对动力电池进行充电的电能。而这种两级结构中也有串联和并联两种连接方式，而串联型结构应用最多。其总体结构如图 8-1 所示。

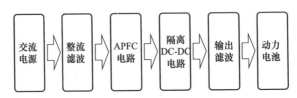

图 8-1　车载充电机总体结构

第三节　车载充电机的性能特征

一、电动汽车的充电级别

电动汽车可以以四个电压、电流级别对动力蓄电池进行充电，这些级别满足当前电动汽车充电需求、满足预期未来的技术需求，并满足国家电动汽车普及的需求。表 8-1 总结了电动汽车充电级别的电气特性要求。

表 8-1　电动汽车充电级别的电气特性要求

级别	输入电压/V	输入电流/A	输入功率/kW	相位
Level 1	220	16	3.52	单相
Level 2	220	32	7.04	单相
Level 3	380	32	12.16	三相
Level 4	380	63	23.94	三相

表 8-1 中，Level 1 充电规范包括以下几项：

（1）单相 220 V 最大标称电源；

（2）16 A 最大连续电流，最小 20 A 电流保护；

（3）最大连续电流和支路电流保护值是与当前供电基础设施兼容等。

Level 2 充电规范包括以下几项：

（1）单相 220 V 最大标称电源；

（2）32 A 最大连续电流，最小 40 A 电流保护。

Level 3 充电规范包括以下几项：

（1）三相 380 V 最大标称电源；

（2）32 A 最大连续电流，最小 40 A 电流保护。

Level 4 充电规范包括以下几项：

（1）三相 380 V 最大标称电源；

（2）63 A 最大连续电流，最小 80 A 电流保护。

Level 2 到 Level 4 充电的其他特征还包括接地或电隔离，人员防电击保护，无载互锁和解锁及与电缆和连接器的安全断开。

二、充电机的充电形式

当前用于连接电动汽车和充电站有感应式和传导式两种技术。两种方式都适用于所有级别的充电。每辆电动汽车都将只用这两种方式中的一种来进行充电。由于接头可能带来的不一致，用一种充电技术的电动汽车往往不能连接到使用另一种技术的充电机上。两种连接方式的优缺点见表 8-2。

表 8-2 两种充电形式的比较

类型	感应式	传导式
安全性	无区别	无区别
能量效率	效率低	效率高
成本	系统复杂导致成本较高	系统简单导致成本较低

利用传导方式充电时，需要物理上的连接，类似于一般仪器的使用方式。这种方法目前被大多数充电机及车载充电系统所采用。

三、电动汽车的充电特征

以下是通用的标准充电系统安全特征：

（1）电动车与外部充电机连接时不允许启动；

（2）在充电机充电插头可能拔出之前，充电电缆必须先卸载；

（3）在驾驶员将充电插头插入电动车充电口时，电动车充电口必须不带电；

（4）电动车充电机插头不能用于其他用途；

(5) 监控器和漏电保护电路一旦检测到电压问题就会切断电路;

(6) 对于某些会排放爆炸性气体的电池要建立通风系统以消除风险。

对于车载充电机而言,由于其一直安装在电动汽车上使用,对于车载充电机的一些特殊要求还包括:单相交流输入电源;高效率;低谐振;高的功率因数;低成本;小尺寸和轻质量;客户操作的安全性。

第四节 车载充电机电路

车载充电机根据结构不同可以分为单向车载充电机、双向车载充电机、集成式车载充电机。单向车载充电机拓扑结构多样、控制简单。双向车载充电机拓扑简单,开关器件数目多,控制复杂,体积较大。集成式车载充电机利用了电动汽车自身驱动系统的功率电路部分,相对减小了体积和质量,但其性能受电动汽车功率电路限制。本节主要介绍单向车载充电机拓扑电路。

车载充电机的电路由前级功率因数校正(Power Factor Correction,PFC)和后级 DC – DC 两级结构构成,由于其对电网污染小,能满足效率和功率因数的要求,因而应用最多。

一、功率因数校正技术 PFC

在电力电子设备中采用功率因数校正技术,对于降低高次谐波电流对电网的干扰、提高用电设备的输入功率因数、提高设备效率和节约能源是十分必要的。

车载充电机的前级 AC – DC 变换器采用桥式整流二极管进行整流,输出采用大电容滤除低频纹波,从而将实现直流输出。将用电设备与电网相连,在其接口处采用二极管整流桥时,因二极管具有很小的导通角,只有当交流输入电压大于滤波电容上的电压时,该整流电路才能从电网处获取能量,所以,电网只能在每个工频周期的很小一部分时间里为负载供能,二极管整流电路及输入电压、电流波形如图 8-2 所示。不可控整流使得输入电流波形发生严重畸变,并呈脉冲状,这种呈脉冲状的非正弦电流包含丰富的高次谐波,系统的功率因数较低。

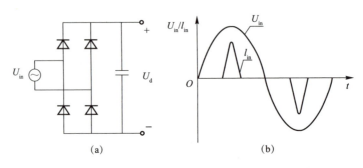

图 8-2 二极管整流电路及输入波形

整流器作为主要的谐波源,具有较低的功率因数,为此必须对其进行谐波抑制和提高功率因数。

功率因数校正(Power Factor Correction,PFC)技术按照是否采用有源器件可以分为无源功率因数校正(Passive Power Factor Correction,PPFC)技术和有源功率因数校正(Active-Power Factor Correction,APFC)技术。所谓无源功率因数校正技术,就是通过在电路中加入电感和电容等无源元件,而使电路输入端电流波形接近正弦波的方法,它是传统补偿无功和抑制谐波的主要手段,得到了广泛应用。随着电力电子技术的不断发展,有源功率因数校正技术获得迅速发展。其基本思想是:在整流器之后接入 DC-DC 变换器,应用电流反馈技术,使输入电流波形接近正弦波并且与输入电压同相位,进而达到功率因数校正的目的。

1. PPFC 技术

PPFC 技术是通过在二极管整流电路中增加电感和电容等无源元件与二极管构成无源网络,对电路中的电流脉冲进行抑制,以降低电流谐波含量,提高功率因数。如图 8-3 所示,在二极管整流桥后添加一个滤波电感和滤波电容结合的无源网络,使得输入电流满足谐波限制要求。

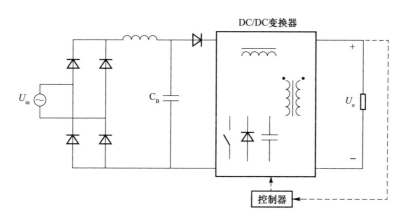

图 8-3　PPFC 变换电路

PPFC 技术的主要优点是简单可靠、不需控制电路、EMI 小;主要缺点如下:

(1)滤波电感和滤波电容的值较大,因此体积较大,有色金属耗材多,而且难以得到高功率因数(一般可提高到 0.9 左右),在有些场合下,无法满足现行标准规定的谐波限制要求;

(2)抑制效果随工作条件的变化而变化;

(3)如产生的谐波超过设计时的参数,会造成滤波器过载或损坏;

(4)作为后级 DC-DC 变换器的输入电压,滤波电容上的电压会随输入交流电压与输出负载的变化而变化,该变化会影响变换器的性能。

对于 PPFC 技术,由于采用电感与电容进行滤波,其电路的性能与工作频率、负载情况及输入电压范围具有密切关系,因此,其较适合在功率要求较小(如 300 W 以下)、体积与质量要求不高并且对价格相对比较敏感的场合应用。

近年来，PPFC 技术也有一定的发展，出现了许多新型 PPFC 电路，图 8-4 所示的电路就是其中之一。从图中可以看出，当电容 C_1 与 C_2 上的合电压低于输入电压时，两电容进行串联充电；当电容 C_1 与 C_2 上的合电压高于输入电压时，两电容进行并联放电。该电路结构利用二极管与电容的串并联特性使二极管的导通角增大，从而对输入电流波形进行了改善，采用该电路结构可有效提高功率因数，使其达到 0.9 以上。

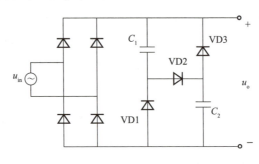

图 8-4　PPFC 整流电路

2. APFC 技术

APFC 技术由于电路工作在高频开关状态，因此相对于 PPFC 技术具有体积小、质量轻、效率高、功率因数接近 1 的优点，在开关电源中得到广泛应用。

从拓扑结构来分，APFC 电路可分为两级 APFC 电路和单级 APFC 电路。

(1) 两级 APFC 电路。两级 APFC 技术经过多年大量研究，相对比较成熟，是最为常用的方案。图 8-5 所示为两级 APFC 方案的框图，它是由两个相互独立的变换器组成的。前级与整流后的输入端相连，为实现 APFC 部分，中间是储能电容，后级用来实现稳定输出电压及输出电压的快速调节功能，前后两级相互独立，有各自的开关管和控制电路。前级通常采用 Boost 变换器，并工作于 CCM 模式下实现 APFC，其母线电压的范围一般为 380~400 V（单相），无论采用多大的储能电容，直流母线电压上的二倍频纹波均存在。可通过后级 DC-DC 变换器对该直流总线电压进行优化。另外，由于直流母线电压相对较高，对于一个给定的保持时间可采用较小的储能电容。但两级方案因为至少有两个开关管和两套控制电路，因此增加了成本和复杂性。

两级 APFC 方案的主要优点如下：

①输入电流畸变小，THD 一般小于 5%，功率因数大于 0.99；

②系统动态响应快，可以实现输出电压的快速调节，稳定精度高；

③调压范围大，功率应用场合广；

④各级可单独分析、设计和控制，通用性较好。

其主要缺点包括电路复杂、成本高、体积大、功率密度低。

(2) 单级 APFC 电路。为了适应中小功率场合，降低功率因数校正电路的成本，1990 年美国科罗拉多大学 Erickson 教授等将前级 Boost 电路和随后的反激变换器或者正激变换器

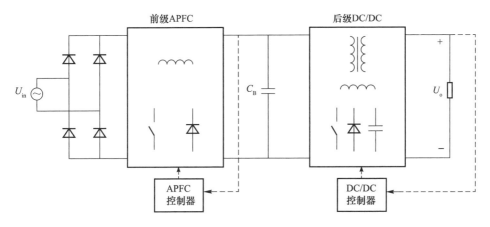

图 8-5 两级 APFC 方案

的 MOSFET 共用，提出了单级功率因数校正变换器的概念，将 APFC 级和 DC–DC 级合二为一，目的是减少元器件、节约成本、提高效率和简化控制等。

单级 APFC 变换器方案的框图如图 8-6 所示。与两级结构相比，该电路中只包含一个功率开关管和一组控制电路，可以同时达到功率因数校正与输出电压调节的目的。

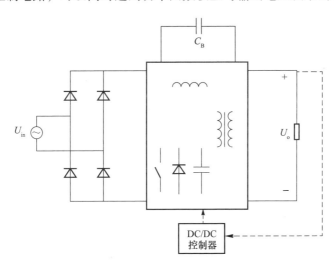

图 8-6 单级 APFC 方案

在图 8-6 中，储能电容 C_B 的作用是平衡 APFC 级与 DC–DC 级之间的瞬时能量差异。

总的来说，单级 APFC 的性能（THD 和 PF）虽相比 PPFC 方案较好，但仍次于两级 APFC 方案。

在所有的 APFC 变换器中，瞬态输入功率在一个工频周期内是脉动的，而后级 DC–DC 变换器的输出功率是恒定的。因此，需要在 APFC 电路中增加一个储能电容对这些不平衡的能量进行存储。然而与两级 APFC 变换器不同，单级 APFC 变换器只调节输出电压，不调节储能电容上的电压 U_B，因此 U_B 不是一个恒定值。输入线电压与负载的变化都会影响单级 APFC 变换器储能电容上的电压 U_B，且大的电压变化范围对变换器的性能也有一定影响。

通过前面的简要介绍，可对 PPFC 方案、两级 APFC 方案以及单级 APFC 方案在总谐波含量、功率因数、效率、体积、质量、储能电容电压、控制电路、器件数量以及设计难度上进行一些对比分析，见表 8-3。

表 8-3 PFC 性能比较

对比项	PPFC	两级 APFC	单级 APFC
总谐波含量	高	低	中
功率因数（PF）	低	高	中
效率	高	中	低
体积	中	大	小
质量	重	轻	轻
储能电容电压	变化	恒定	变换
控制	简单	复杂	简单
器件数量	很少	多	中
功率范围	≤200~300 W	不限	≤200~300 W
设计难度	简单	适中	复杂

通过分析比较，三种 PFC 方案具有各自的优缺点，分别适用于不同的应用场合。如 PPFC 适用于对成本有限制、体积无太大限制的小功率应用场合；两级 APFC 适用于对性能要求高、价格不敏感的中大功率应用场合；单级 PPFC 介于两者之间，适用于体积小、结构简单、性能要求较高的场合。

二、PFC 技术的发展方向

对功率因数校正技术的研究主要体现在以下几点：

（1）提出新的拓扑。为了符合相应的谐波标准，提高功率密度，提升功率等级，减小开关管的电压与电流应力，降低成本，提出一些新型拓扑，如无桥 PFC、倍压 PFC、交错并联 PFC 电路等。

（2）提出新的控制方法。针对目前常用的控制拓扑，提出了一些新型的控制方法以降低 PFC 电路的复杂度，提高控制效果，如单周期控制（One Cycle Control，OCC），该方法通过带有复位积分的控制电路调节开关的占空比，使输入电感的平均电流跟踪输入电压。这种方法具有所需元器件少、无须乘法器等优点，简化了设计难度，在实际设计中已有相应的商用化 IC 应用，常用的控制芯片为 IR 公司的 IR1150S 与英飞凌公司的 ICE1PCS01。

（3）应用新的功率器件。开关速度快、导通电阻低的理想器件是功率器件的发展方向。CoolMOS 可以提高 PFC 电路的开通速度，减小损耗，SiC 二极管可以降低由于反向恢复时间而引起的高开关损耗的问题。这些新型的功率器件对于电力电子装置的高效节能具有极大地推动作用。

（4）应用软开关技术。将开关变换器中的软开关技术、谐振技术等应用到 PFC 电路当中，可以达到降低开关损耗、减小电路体积的目的。

总之，单相 PFC 技术的发展方向是在能够实现高功率因数的同时，具有结构简单、易于实现、功率密度高等优点。因此，交错并联 Boost PFC 电路具有较高的研究价值。

第五节　PFC 拓扑与电路工作模式

从原理上说，任何一种 DC – DC 变换器拓扑，都可作为前级 PFC 的主电路。其典型的前级 PFC 电路结构由 Boost 型升压电路、交错并联型 PFC 等。

一、Boost PFC 电路

Boost 型升压电路作为前级功率因数校正的应用由于其结构简单、工作性能稳定等优点，因而应用很广。其拓扑结构如图 8-7 所示。

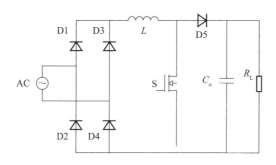

图 8-7　Boost PFC 电路

该电路的优点是输入电流连续，峰值开关电流近似等于输入电流；输入电路中的储能器件 L 较适用于电流型控制；电容器 C 体积小；EMI 和 RFI 较低，其输入电感可以降低对输入滤波的要求，功率因数较高，Boost 电路可以采用多重并联技术，易于实现大容量。其缺点是随着输出功率的增加，其导通损耗增大，效率降低同时对散热也有较高要求，其电感体积较大，输出纹波电流也较大。

二、交错并联型 PFC

随着功率等级的不断提高，Boost PFC 的使用受到限制，而交错并联技术能够有效降低功率器件的电流应力，减小电流纹波和磁性元件的体积并提升设备的功率等级，因而交错并联型 PFC 在车载充电机中的引用也非常常见。其拓扑结构图如图 8-8 所示。

典型的交错并联 Boost PFC 电路采用两路 Boost 电路并联，相互互补工作。其电路的优点是工作时由于电路纹波电流的抵消使得输入和输出的纹波电流较低，其相应的滤波电路尺

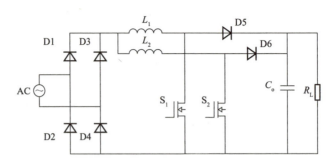

图 8-8　交错并联型 PFC

寸可以减小，相比 Boost 型升压电路，其损耗降低，但是其器件数目增加带来的控制电路使得其成本升高，其对散热也有较高要求。

除上述 Boost 型和交错并联型 PFC 外，其他 PFC 电路，如全桥 PFC、Buck、Buck/Boost、反激式、Cuk 式、Zeta 式，也在一些设计中有其应用。

三、PFC 电路的工作模式

功率因数校正电路的工作模式可根据电感电流特性可分为连续电流模式（Continue Current Mode，CCM）、断续电流模式（Discontinue Current Mode，DCM）和介于两者之间的临界电流模式（Boundary Current Mode，BCM）。

（1）CCM 模式通常采用乘法器实现控制，电路的输入电流纹波、输出电流纹波及流过开关管的电流有效值均较小。当电路工作于硬开关状态下时，开关管的开关损耗与二极管的反向恢复损耗均较高，因此一般在大功率、大电流的场合使用。

（2）DCM 模式一般为电压单环控制，采用电压跟随器的方法实现。在 DCM 模式下开关管可以实现零电流开通（ZCS），减小开关损耗。当开关关断时，不会因为二极管较高的反向恢复电流对开关管造成冲击。但是 DCM 模式下电流波形会引起更强的 EMI，且开关管的电流有效值较大，导通损耗较高，一般在功率因数要求不高、功率等级较小的场合使用。

（3）BCM 模式是一种特殊的断续控制模式，一般采用变频控制，多用于电子镇流器。该模式能够实现开关管在 DCM 模式下的零电流开通，使电路损耗降低，与 DCM 相比，其电感值较小；但由于电路频率不固定，特别在轻载时开关频率变化范围很大，不利于 EMI 滤波器的设计，一般在 200 W 以下的 PFC 电路中应用。

四、PFC 电路的控制方法

由于 Boost 拓扑在功率因数校正电路中的应用最为普遍，所以本节以 Boost PFC 电路为例，分别介绍各控制方法。

1. CCM 控制方法

常见的 PFC 电路应具备两个功能：一是使整个电路在输入端呈纯阻性，保证输入电流能够自动跟随输入电压并使其正弦化；二是作为整个电源装置的电压预调节器，使输出电压稳定。传统的控制方法采用电压环与电流环的双闭环控制，将输出电压反馈信号与输入电压采样信号相乘，作为电流环的基准信号，并与电路的实际输入电流信号进行比较，产生PWM 控制信号驱动开关管。当电路工作在 CCM 模式下，根据电流控制方式不同，可分为以下三种控制方法：

（1）峰值电流控制。电流控制的系统控制如图 8-9（a）所示。将取样电流与基准电流进行比较，当取样电流达到基准电流之前，开关一直处于导通状态；一旦取样电流达到基准电流，比较器便输出关断信号，使开关关断，直到下一个开关周期到来。其中，取样电流来自开关管电流或电感电流；而将输出电压的取样值与基准电压进行比较，其误差放大电压信号与工频整流电压取样值的乘积作为基准电流。

峰值电流控制（PCMC）的输入电流波形如图 8-9（b）所示，在开关周期起始时刻功率开关管导通，电感电流线性上升，当输入电流达到基准电流时，开关管关断，直到下一个开关周期，开关管又自动导通。由于无须检测输入电流的跌落值来判断开通时间点，所以可以用开关管电流作为检测电流。

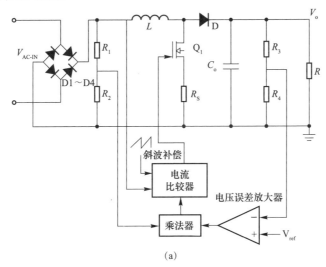

(a)

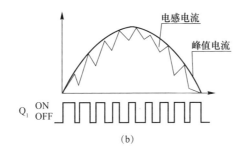

(b)

图 8-9 峰值电流控制原理图及波形

（a）峰值电流控制的 Boost 型电路图；（b）半个工频周期内开关控制波形、电感电流波形示意

在半个工频周期内，电感电流峰值从零变化到最大再变化到零，占空比则从最大变化到最小再变化到最大，这样会引起次谐波振荡。因此，需要在电流比较器的输入端引入斜坡补偿函数，在占空比大于 0.5 时维持电路的稳定状态。峰值电流控制的优点包括：开关频率恒定，电流有效值小，EMI 滤波器小。其缺点是电流峰值与平均值之间存在误差；无法减小电流 THD；噪声对电流峰值的影响较大；系统在占空比大于 0.5 时会产生次谐波振荡，需要在比较器输入端加斜坡补偿器。

（2）平均电流控制。平均电流控制将峰值电流控制中的电流比较器变成了电流误差放大器，增加了一个电流环，将分压的交流输入整流电压信号与来自电压环的误差放大信号通过乘法器相乘后的输出接到电流误差放大器的正相输入端，作为电流环的基准；由电流传感器取样流过电感 L 的电流信号，并经过变换接到电流误差放大器的反相输入端，其输出接 PWM 比较器，经过比较驱动开关管导通或关断实现 PFC 功能。这样可以在较低的输入 THD 同时，减小了滤波器的体积，并且输入电流取平均值，提高了噪声对系统的影响。以 Boost 变换器为例，平均电流控制方法实现 PFC 电路的原理图和在半个工频周期内功率开关管的控制波形和电感电流波形如图 8-10 所示。

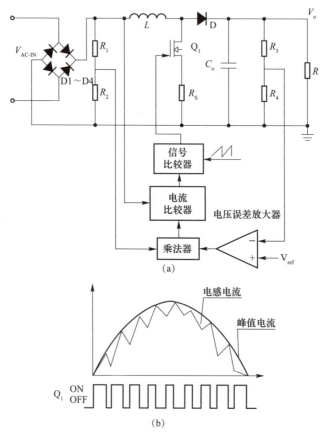

图 8-10 平均电流控制原理图及波形

（a）平均电流控制的 Boost 型电路图；（b）半个工频周期内开关控制波形、电感电流波形示意

这种控制方式具有开关频率恒定，电感电流连续，能够较好地抑制噪声，开关管电流有效值小、滤波器设计方便，输入电流波形失真小等优点。常用的 UC3854 就是一款平均电流控制芯片。其主要缺点包括：电路需要乘法器，控制较为复杂；需对电感电流进行检测，且增加电流控制环路；实际电流与参考电流的误差不断改变，会引起低次电流谐波。但由于该控制方法相对成熟，所以目前一直被广泛地使用。

（3）滞环电流控制。滞环电流控制的 Boost 电路如图 8-11（a）所示。相比峰值电流控制，其只能检测电感，并且在控制电路中增加了滞环逻辑控制器（Hysteretic Logic Controller）。输入电压经过分压在电流滞环带（Hysteretic Band）中产生两个基准电流：上阈值与下阈值。当电感电流下降到下阈值时，开关管导通，电感电流开始上升；当电感电流上升到上阈值时，开关管关断，电感电流开始下降。电感电流在上阈值与下阈值之间变化。电流的纹波及电流上升与下降时间都由滞环宽度决定，它可以固定不变，也可以与瞬时平均电流成比例，成为变系数的滞环控制。

滞环电流控制的电流波形如图 8-11（b）所示。开关管导通时电感上的电流上升，达到

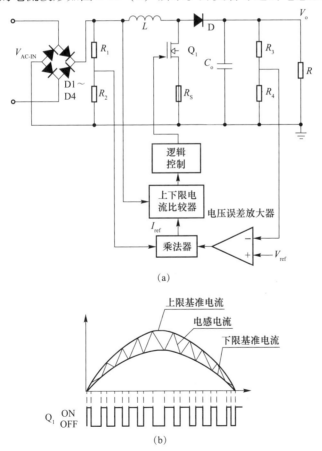

图 8-11 带滞环电流控制原理图及波形

（a）带滞环电流控制的 Boost 型电路图；（b）半个工频周期内开关控制波形、电感电流波形示意

上限阈值后，通过比较来输出低电平，使开关管关断，电感电流开始下降；当达到下限阈值后，通过比较来输出高电平，使开关管导通，电感电流再次上升，如此循环工作，由于需要确定开关管的导通与关断两个比较点，所以取样电流应选取电感电流。

滞环电流控制将电流控制与 PWM 调制合为一体，结构简单，实现容易，且具有很强的鲁棒性和快速动态响应能力。但是由于开关频率不固定，故需要按照最低次谐波对滤波器进行设计，这样增加了滤波电容的体积，不符合小型化的设计目标，因此设计滤波器较为困难。目前，滞环电流控制将恒频控制作为改进的目标，将其他控制方法与滞环电流控制相结合是 SPWM 电流变换器电流控制策略的发展方向。

对以上三种 CCM 控制方法进行比较，见表 8-4。

表 8-4 三种 CCM 控制方法比较

控制方法	检测电流	频率	工作模式	对噪声	适用拓扑	注意
峰值电流	开关电流	恒定	CCM	敏感	Boost	需要谐波补偿
平均电流	电感电流	恒定	任意	不敏感	任意	需要大电流误差放大
滞环电流	电感电流	变频	CCM	敏感	Boost	需要逻辑控制

2. DCM 控制方法

DCM 控制方法又称为电压跟踪法，是 APFC 控制中一种简单又实用的方法，应用较为广泛。其无须检测输入电压和电流，开关管就可以按照一定的占空比使输入电流按正弦规律变化。

DCM 控制能够使输入电流自动跟随输入电压并且保证电流畸变率较小；开关管可实现零电流开通（ZCS），且不受二极管的反向恢复电流的影响，同时不需要 CCM 模式的复杂控制回路，使用常用的 PWM 控制即可实现。由于 DCM 模式的控制电路简单、成本低，因此其很适合应用于小功率领域。

DCM 控制方式可分为恒频控制和变频控制两种。恒频控制的开关周期是恒定的，当输入电压的有效值与输出功率恒定时，电压环将保证占空比也恒定，使输入电流的峰值与输入电压成正比，因此，输入电流波形自动跟随输入电压波形，从而实现功率因数校正的目的。该控制方法具有控制电路较为简单的优点；其缺点是输入功率因数无法达到100%，并且输入电流的畸变程度与输出电压和输入电压峰值的比值成反比。电流 THD 在该控制方式下可维持在 10% 以内。变频控制的开关周期与占空比均不恒定，但其开关管导通时间与二极管续流时间之和恒等于开关周期，则输入平均电流即电感电流只与开关管的导通时间有关，所以只要保持开关管导通时间恒定，理论上输入电流无畸变。此控制方式理论上功率因数可达到 1，但开关频率不恒定，使得输入电流的高频纹波成分丰富，EMI 滤波的难度较大。

除上述控制方法外，近年来还涌现出来一些新颖的控制方法，如单周期控制、滑膜变结构控制、空间矢量控制、无差拍控制、模糊 PID 控制等。由于各种控制方法都有优缺点,将各种控制策略合理搭配,取长补短,可以得到理想的控制效果。

第六节 后级 DC – DC 结构

后级 DC – DC 一般受控于电池管理系统,根据电池组反馈的电量信息和所需的充电模式,及时调整输出,以实现智能充电。

一、基于移相全桥 DC – DC 变换器的车载充电拓扑

移相全桥变换器是 1~5 kW 车载充电机最常用的 DC – DC 变换器,结构成熟,控制方便,主开关利用变压器漏感和开关器件结电容间的谐振实现零电压开关。其可以达到最大的输出功率,因而其适用于大功率的场合,但是由于其结构及控制电路复杂,导致其成本较高,可靠性相对较低。其结构如图 8-12 所示。

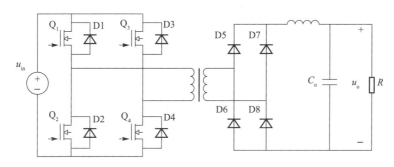

图 8-12 移相全桥 DC – DC 拓扑图

全桥式隔离变换器的特点是:高频隔离变压器的利用率较高;相同功率条件下,开关管的电压、电流等级较小,便于选择功率开关器件。

二、基于谐振 DC – DC 变换器的车载充电拓扑

在车载充电机拓扑中,另一种常用的 DC – DC 变换器是 LLC 谐振变换器。谐振变换器可以通过增大开关频率来减小无源器件体积,提高功率密度。与移相全桥变换器相比,LLC 谐振变换器具有以下优点:

(1) 全负载范围内功率开关管都能实现 ZVS,器件开关损耗小。
(2) 副边整流二极管能实现 ZCS,不存在反向恢复问题。
(3) 电压调节特性好,能实现升压和降压,输出电压范围宽。

根据逆变电路结构不同,LLC 谐振变换器分为全桥 LLC 谐振变换器和半桥 LLC 谐振变换器,两者都用于电气隔离和电压转换。通过控制开关频率,全桥 LLC 谐振变换器输出电压在 320~420 V 可调,效率最高为 95.4%。全桥 LLC 谐振变换器的开关应力为半桥 LLC 谐振变换器的一半,适合高电压大功率输出。

半桥 LLC 谐振变换器原边回路串联隔直电容，能防止变压器产生直流偏磁，同时有助于原边电流复位。与全桥 LLC 谐振变换器相比，半桥 LLC 谐振变换器的方波发生器仅用两个开关管，输出整流多采用全波整流电路，器件数量少，成本低，是一种高效率、高功率密度的 DC–DC 变换器，但功率开关管和整流二极管电压应力高。其结构如图 8-13 所示。

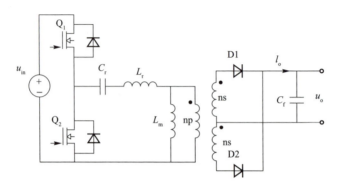

图 8-13　LLC 谐振 DC–DC 拓扑图

三、其他 DC–DC 电路

除上述移相全桥型和 LLC 谐振外，还有推挽式电路，其通态损耗较小，驱动简单，这适用于低电压、大电流的工作场合，全桥 DC–DC 电路适用于一些大功率应用的场合，其他如有源钳位正激式电路等也在一些设计中有其应用。

车载充电机根据结构不同可以分为单向车载充电机、双向车载充电机、集成式车载充电机。单向车载充电机拓扑结构多样、控制简单。双向车载充电机拓扑简单，开关器件数目多，控制复杂，体积较大。集成式车载充电机利用了电动汽车自身驱动系统的功率电路部分，相对减小了体积和质量，但其性能受电动汽车功率电路限制。

本章围绕单向车载充电机拓扑电路，主要介绍了功率因数校正技术 PFC，PFC 的拓扑电路与工作模式，PFC 的控制方法等内容。主要对 CCM 模式及 DCM 模式下的不同控制方法做了介绍。同时，深入研究了传统 CCM 模式下的单相 Boost PFC 电路的工作原理，并对其电路工作特性进行了分析。

1. 电动汽车充电系统的安全特征有哪些？
2. 通常情况下车载充电机电路由哪两级电路组成？
3. 车载充电机为什么要设置功率因数校正电路？
4. 什么是 PPFC 技术？

5. PPFC 技术有哪些特点?
6. 什么是 APFC 技术?
7. 功率因数校正电路有哪些工作模式?
8. 什么是峰值电流控制法?有何特点?
9. 什么是平均电流控制法?有何特点?
10. 什么是滞环电流控制法?有何特点?
11. 移相全桥变换器有哪些特点?
12. LLC 谐振变换器的特点有哪些?

参 考 文 献

[1] 康龙云. 新能源汽车与电力电子技术[M]. 北京：机械工业出版社，2010.
[2] 高锋阳. 电力电子技术[M]. 北京：机械工业出版社，2015.
[3] 王鲁杨. 电力电子技术[M]. 北京：中国电力出版社，2015.
[4] [日] 野村弘. 使用PSIM™学习电力电子技术基础[M]. 西安：西安交通大学出版社，2009.
[5] 邹国棠. 电动汽车电机及驱动：设计、分析和应用[M]. 北京：机械工业出版社，2018.
[6] 王兆安，刘进军. 电力电子技术[M]. 5版. 北京：机械工业出版社，2009.
[7] 张喜全. 电力牵引传动及控制[M]. 北京：中国铁道出版社，2012.
[8] 曲永印，白晶. 电力电子技术[M]. 北京：机械工业出版社，2013.
[9] 张兴，张崇巍. PWM整流器及其控制[M]. 北京：机械工业出版社，2012.
[10] 林渭勋. 现代电力电子电路[M]. 杭州：浙江大学出版社，2002.
[11] 康劲松，陶生桂. 电力电子技术[M]. 北京：中国铁道出版社，2010.
[12] 陈伯时，陈敏逊. 交流调试系统[M]. 北京：机械工业出版社，2002.
[13] 张兴柱. 开关电源功率变换器拓扑与设计[M]. 北京：中国电力出版社，2010.
[14] 郭世明. 电力电子技术[M]. 成都：西南交通大学出版社，2008.
[15] 周京华，陈亚爱. 高性能级联型多电平变换器原理及应用[M]. 北京：机械工业出版社，2013.
[16] 蔡兴旺. 新能源汽车结构与维修[M]. 北京：机械工业出版社，2014.
[17] 程红，王聪，王俊. 开关变换器建模、控制及其控制器的数字实现[M]. 北京：清华大学出版社，2013.
[18] 刘凤君. 现代逆变技术及应用[M]. 北京：电子工业出版社，2006.
[19] 黄立培. 电动机控制[M]. 北京：清华大学出版社，2003.
[20] 徐德鸿，陈治明，李永东，等. 现代电力电子学[M]. 北京：机械工业出版社，2013.
[21] 任国海，付艳清. 电力电子技术[M]. 北京：科学出版社，2012.
[22] 贺益康，潘再平. 电力电子技术[M]. 北京：科学出版社，2012.
[23] 崔胜民. 新能源汽车技术[M]. 北京：北京大学出版社，2007.
[24] 王志福，张承宁. 电动汽车电驱动理论与设计[M]. 北京：机械工业出版社，2012.